ROBERTA C. BONDI

Gottes Liebe heilt meine Wunden

Gespräche über Gott

Edition Anker

Edition Anker – Horizonte

Die Deutsche Bibliothek – CIP-Einheitsaufnahme

Bondi, Roberta C.:
Gottes Liebe heilt meine Wunden : Gespräche über Gott / Roberta C. Bondi. [Übers.: Irene Kraft]. – Stuttgart : Ed. Anker, 1999
(Edition Anker: Horizonte)
Einheitssacht.: In ordinary time <dt.>
ISBN 3-7675-7059-9

Die amerikanische Originalausgabe erschien unter dem Titel: „In Ordinary Time".

Übersetzung: Irene Kraft, Bad Soden

Umschlaggestaltung: Dieter Betz, Friolzheim
Gesamtherstellung: Druckhaus West GmbH & Co.KG, Stuttgart

ISBN 3-7675-7059-9

Inhalt

Vorwort

Für die meisten modernen Menschen ist Gebet ein schwieriges Thema, über das kaum gesprochen wird. Für mich persönlich waren die großen Gelehrten der Alten Kirche, die ägyptischen Wüstenväter und Wüstenmütter, die ersten, mit denen ich darüber ins Gespräch kam. Seit fast dreißig Jahren drängen sie mich, zu beten und Heilung für innere Verletzungen zu suchen, die ihre Wurzeln in meiner Kindheit, in meinen Veranlagungen und in meinem kulturellen Hintergrund haben, zu dem auch die Kirche gehört. Außerdem forderten sie mich immer wieder auf aufzuschreiben, was ich von ihnen und durch eigene Erfahrung gelernt habe, denn – so sagen sie – nichts, was uns als christlichen Menschen geschenkt werde, weder ganz Wunderbares noch absolut Demütigendes, sei jemals nur für uns allein bestimmt. Ihnen gilt deshalb vor allen anderen mein Dank für die Hilfe, die Ermutigung und den Ansporn zum Entstehen dieses Buches.

Die folgenden Kapitel sind als Briefe an eine befreundete Person geschrieben. Ich möchte natürlich erreichen, dass die Leser und Leserinnen sich selbst als diese Person verstehen, an die ich schreibe. Sie ist aber nicht nur eine literarische Fiktion, denn ich habe in den vergangenen Jahren unzählige Briefe erhalten, in denen ich zu genau den Themen befragt wurde, die in diesem Buch zur Sprache kommen. Beim Schreiben stehen mir viele, viele Gesichter vor Augen. Manche gehören zu Menschen, die ich gut kenne, mit anderen habe ich nur flüchtig Bekanntschaft geschlossen und wieder andere entspringen meiner Phantasie, weil ich sie nie persönlich kennengelernt habe, mich aber trotzdem sehr mit ihnen verbunden fühle. So danke ich meinen Lesern und Leserinnen, dass sie mir den Anstoß zu diesen Briefen gegeben haben.

Ein weiterer Dank gilt Bobbi Pattern, meiner Freundin und langjährigen zeitgenössischen Gesprächspartnerin in Sachen Gebet. Besonders die mittleren drei Kapitel enthalten vieles, was ich der Inspiration durch ihre Freundschaft verdanke. Auch Agatha Zwillig und Mary

Reuter, zwei Briefpartnerinnen, wie ich sie mir treuer und liebevoller kaum vorstellen kann, standen mir immer wieder vor Augen.

Wie immer war mir außerdem die Unterstützung durch meine liebe Freundin Melissa Walker sehr wichtig, die mich nie enttäuscht hat.

Für ihre Bereitschaft zu Gesprächen über das Projekt und/oder das auszugsweise Lesen des Manuskriptes danke ich folgenden Personen: Bettie Banks, Cynthia Blakeley, Caroline Bynum, Tere Canzoneri, Rebecca Chopp, Pamela Couture, Betsy Fodor, Zora Ugolini Herr, Maggie Kulyk, John Mogabgab und Deborah Wight-Knight. Dank sage ich auch den zahlreichen Studierenden für ihr aufmerksames und geduldiges Zuhören und ihre ausgezeichneten Fragen.

Es war für mich eine außerordentlich wertvolle Erfahrung, dass ich Nicole und John Mills nach dem Unfall ihres Sohnes Stefan begleiten durfte. Im fünften Kapitel schildere ich, wie ich persönlich diese Zeit erlebt habe.

Zwei Gemeinschaften, denen ich jahrelange Unterstützung, geistliche Heimat und Nahrung verdanke, möchte ich hervorheben. Zum einen ist es die Emmaus Community, eine ökumenische Hausgemeinde, deren Mitglied ich bin, zum anderen die Kommunität der Benediktinerinnen in St. Joseph, Minnesota, der ich als Oblatin[1] angehöre. Sie verkörpern für mich immer wieder in lebendiger Art und Weise die kommunitäre Liebe, die geistliche Weite und die Begeisterung für alles, was zum Menschsein gehört, wie ich sie zunächst durch die Gelehrten der Alten Kirche, die für mich so wichtig sind, kennengelernt habe.

Ganz besonders danke ich meinem Ehemann Richard. Mit großer Sensibilität und in einem manchmal scheinbar grenzenlosen

---

[1] „Weltliche" Ordensangehörige, die nicht im Orden lebt und die Gelübde nicht abgelegt hat. Anm. d. Übers.

Ausmaß hat er mir sein Wissen, sein Urteilsvermögen, seine Kochkünste und seine Freundlichkeit zur Verfügung gestellt.

Schließlich danke ich allen Freunden und Freundinnen von Abingdon Press und dort insbesondere meiner Lektorin Ulrike Guthrie. Ihre großartige Unterstützung, Liebe und Fürsorge in jeder Entstehungsphase dieses Buches waren ein Geschenk für mich.

Erstes Kapitel

Das Feld, auf dem wir wachsen

Meine liebe Freundin[2],

wie schön war es, heute deinen Brief zu bekommen! Ich habe so lange nichts mehr von dir gehört. Ich freue mich über die Nachricht, dass es dir zur Zeit ganz gut geht sowohl im Blick auf die Arbeit als auch auf deine Familie. Nachdem du in den vergangenen Jahren allerhand durchgemacht hast, steht dir eine Verschnaufpause wirklich zu.

Du berichtest aber auch, dass du, obwohl um dich herum alles recht gut läuft, erlebst, wie plötzlich alte Verletzungen aus deiner Kindheit in dir hochkommen, dich belasten und frustrieren. Du fragst nach meiner Meinung, warum das gerade jetzt passiert. Natürlich kann ich das nicht genau beurteilen, aber lass dir sagen, dass es mir schon oft genauso ergangen ist. Anscheinend gelingt mir die Auseinandersetzung mit manchen tiefer liegenden Problemen erst dann, wenn das vordergründige Leben (sofern sich das überhaupt so genau trennen lässt!) so weit zur Ruhe gekommen ist, dass ich wahrnehmen kann, was in mir vorgeht. Übrigens war das für die Angehörigen des frühen Mönchtums einer der Hauptgründe dafür, ihre angestammte Lebenswelt zu verlassen und sich für ein Leben in der Wüste zu entscheiden. Sie ließen Stress, Belastungen und Spannungen hinter sich, lebten nur von einem Tag zum nächsten und entdeckten darin die Chance, sich ihrem wahren Inneren zu stellen.

Jedenfalls freue ich mich zu hören, dass du dich entschlossen hast, im Gebet nach Heilung für etliche Verletzungen zu suchen. Dir sei bekannt, so schreibst du, dass ich selbst schon seit Jahren viel Zeit

---

[2] Das englische Wort „friend“ kann sowohl Freundin als auch Freund bedeuten. Ich habe mich bei der Übersetzung für eine Frau als Empfängerin der fiktiven Briefe entschieden. Anm. d. Übers.

damit verbracht hätte, im Gebet um Heilung für Verletzungen zu ringen, die mich belasten. Nun möchtest du mir gerne einige Fragen stellen, die sich für dich ergeben haben und erkundigst dich, ob ich bereit sei, dich in deiner persönlichen Arbeit insofern zu unterstützen, dass ich ein wenig über meine generelle Einschätzung dieser Art zu beten berichte, aber auch davon, welche Erfahrungen ich selbst damit gemacht habe.

Ja, meine Freundin, wenn du das wünschst, bin ich gerne bereit, dir so gut ich kann zu helfen. Schließlich liegt mir sehr viel an dir. Ich möchte dir nicht nur helfen, ich möchte auch mein Leben mit dir teilen. Ich habe außerdem gerade in letzter Zeit selbst wieder intensive Gebetsarbeit geleistet und schon sehr viel über das Gebet und die Arbeit an der Heilung innerer Verletzungen, die wir alle mit uns herumschleppen, nachgedacht. In den letzten ein, zwei Jahren habe ich mich dabei mit viel Kram auseinandergesetzt. Ich musste etwa lernen, Perfektionismus und Panik zu überwinden, als ich den Versuch unternahm, im fortgeschrittenen Alter nochmals zur Flöte zu greifen. Ich musste mit der Trauer über den Verlust meines Vaters fertigwerden und herausfinden, wie ein menschlicher Körper bewohnt werden kann. Ich musste mich bemühen, die hartnäckige Scham meiner Kindheit und meinen damit zusammenhängenden Perfektionismus zu überwinden, mich mit Rechthaberei auseinandersetzen und entdeckte in dieser Zeit unter anderem auch die Dankbarkeit und das Geheimnis der Gnade.

Mir ist natürlich bewusst, dass es bei dir nicht um die gleichen Dinge geht wie bei mir. Trotzdem hoffe ich, dass du in dem, was ich dir von mir schreibe, einiges finden wirst, das sich möglicherweise direkt oder indirekt als brauchbar für dich herausstellt. Auch mir selber wird es helfen, in ein paar langen Briefen all diese Dinge niederzuschreiben (ich kann keine kurzen Briefe verfassen, deshalb schreibe ich so selten welche), weil es mir die Chance geben wird, manches zu klären, woran ich in letzter Zeit gearbeitet und worüber ich immer wieder gegrübelt habe.

Ich halte es für überaus wichtig, dass wir als Christen und Christinnen unsere Hemmungen überwinden, konkret und – noch wichtiger – realistisch über unsere Gebetserfahrungen zu sprechen. Mir ist klar, dass das oft nicht einfach ist. Als ich aufwuchs, konnten wir zu Hause (und so weit ich das für andere Familien beurteilen kann, scheint mir das recht typisch zu sein), wenn es nötig war, über fast alles reden, sogar über Sex. Das Gebet war allerdings kein angemessenes Gesprächsthema für eine „gepflegte Konversation“, und damit war bei uns zu Hause eigentlich jede Konversation gemeint. Gebet galt als etwas zu Persönliches, zu Intimes oder vielleicht ganz einfach zu Peinliches. Schon allein, dass jemand so viel Interesse daran zeigte, es zur Sprache zu bringen, legte den Verdacht auf religiösen Fanatismus nahe.

Ich frage mich, warum wir uns sogar im kirchlichen Umfeld derart schwer tun, wenn es um das Thema Gebet geht. Vielleicht hat es teilweise damit zu tun, dass uns ein Leben lang eingeschärft wurde, Gebet sei etwas, was wir tun sollten. Wir sind zwar unsicher, wie wir damit umgehen sollen, aber weil vorausgesetzt wird, dass wir genau Bescheid wissen, wollen wir nicht nachfragen. Teilweise liegt es vielleicht auch daran, dass wir uns von Leuten drängen und einschüchtern ließen, die uns unmissverständlich klar machten, es gebe nur eine Art und Weise des rechten Betens und die würden sie uns beibringen, ob wir wollten oder nicht. Und vielleicht assoziieren wir mit Gebet einfach wirklich heilige Personen – oder zumindest Personen, die so fromm sind, dass wir uns in ihrer Nähe unbehaglich fühlen.

Was auch immer die Gründe dafür sein mögen, es ist sehr schade, dass es uns so geht. Das Gebet ist etwas so Normales, Alltägliches, Gewöhnliches. Leute, die beten, sind mit Sicherheit nicht heiliger als der Rest. Es sind einfach Menschen, die mit Gott leben wollen, die in der Gegenwart Gottes lieben und geliebt werden, reden und hören, arbeiten und sich ausruhen möchten. Es sind Menschen, die die Wahrheit über sich selber und die Wirklichkeit erfahren möchten. Sie wollen die Anteile in sich finden, die sie sich am liebsten nicht eingestehen würden und bitten Gott um Liebe und Heilung dafür. Sie wollen lernen, die liebevollen, innerlich blühenden Menschen zu sein, zu denen Gott sie erschaffen hat. Trotzdem sind sie nicht besonders heilig. Meist sind es einfach sture und hartnäckige Menschen, die wissen, dass jede enge, persönliche Liebesbeziehung, und dazu gehört auch unsere Beziehung zu Gott, es mit sich bringt, viele Risiken einzugehen, Zeiten der Ungewissheit zu ertragen und in eintönigen Phasen Ausdauer zu beweisen.

Andererseits ist die Arbeit, die im heilsamen Gebet geschieht, zwar durchaus alltäglich, gleichzeitig aber mächtig geheimnisvoll. Sie verfügt über eine Langzeitqualität, die Vergangenheit und Zukunft zugleich gestaltet und zu verstehen hilft. Ich kann dir an einem Beispiel verdeutlichen, was ich meine. Ich stieß vor etwa einem Jahr, am Ende einer langen Trockenperiode, in meinem eigenen Gebet auf etwas Bedeutsames.

Die Probleme hatten etwa zwei Jahre zuvor, nach Beendigung meines letzten Buchprojektes begonnen. Es war das Schwierigste gewesen, das ich bis dahin je geschrieben hatte. Ich schrieb entgegen meiner akademischen Ausbildung und gegen meine Hemmungen, anderen gegenüber persönliche Familienangelegenheiten zu erwähnen. Ein Teil der Arbeit hatte zudem darin bestanden, einige äußerst schmerzhafte Kindheitserinnerungen nochmals zu durchleben.

Als das Buch fertig war, fühlte ich mich erschöpft. Ich wollte es beiseite legen und mich einem Vorhaben zuwenden, auf das ich mich schon lange freute. Eine Sammlung von Geschichten über die Familie meiner Mutter in Kentucky sollte entstehen, ein Zeugnis der mutigen Taten, der Güte und der leidvollen Erfahrungen im Leben jener Frauen und Männer, die meine Vorfahren waren.

Das neue Projekt begeisterte mich. Ich verfügte über Zeit und die Unterstützung durch meinen Fakultätsdekan. Aber es gab ein Problem: Obwohl ich unbedingt wollte, konnte ich einfach nicht schreiben. Fast ein Jahr lang betete ich täglich über diesem Problem, aber nichts von dem, was ich Gott zu sagen hatte, half. Obwohl ich mich Tag für Tag voll Zuversicht vor den Computer setzte, kam nichts Gescheites aus meinem Hirn. Es lag nicht daran, dass ich eine Schreibblockade hatte, so etwas kannte ich bereits. Ich fühlte mich auch nicht lustlos oder ohne Antrieb. Vielmehr schien alles, was ich hatte sagen wollen, wie weggeblasen aus meinem Kopf.

Eine Weile lang hielt ich das für normal. Immerhin hatte ich zuvor über einen längeren Zeitraum ununterbrochen geschrieben. Außerdem hatte ich meine Zeit in den vergangenen Jahren ja nicht nur mit schriftstellerischer Tätigkeit verbracht. Ich hatte Vorlesungen und Vorträge gehalten, war Mutter und Ehefrau gewesen. Hinzu kam noch die Hochzeit unserer Tochter Grace, die kurz bevorstand. Ich war einfach müde und brauchte eine Pause. Insofern schien es nur natürlich, dass mein Kopf mich wissen ließ: „Ich bleibe, wo ich bin, mach du mal ohne mich weiter."

Nachdem ich mich vom ersten Schock über meine Schreibunfähigkeit erholt hatte, akzeptierte ich, dass ich mir eine schöpferische Pause gönnen musste. Da ich aber, wenn es ums Schreiben geht, zwanghafte Züge habe, saß ich weiterhin täglich vor meinem Computer aus Furcht, irgendwann könnten die kreativen Energien wieder fließen und ich wäre nicht zur Stelle, um sie auszunutzen.

Zwei Monate vergingen und es war Zeit für die Hochzeit von Grace. Kurz danach neigte sich der Frühling seinem Ende entgegen. Der Sommer kam und entschwand in die Erinnerung. Im September begannen die Vorlesungen wieder und ich saß noch genauso ratlos vor dem Computer wie im Februar. Mit gutem Grund begann ich mir ernsthafte Sorgen zu machen, ob ich je wieder in der Lage sein würde zu schreiben. Den ganzen Oktober über schleppte ich mich mühsam zum Computer hin und genauso mühsam wieder weg und nicht anders erging es mir mit meinem täglichen Gebet. Nichts, was ich Gott sagte, schien zu helfen. Bisher hatte ich es geschafft, nicht in Panik zu geraten, aber ab Ende November wurde ich davon eingeschnürt wie vom zu eng gewordenen Bund eines Rockes, der nicht mehr passt.

Eines Morgens hielt ich vor dem Unterricht meine Gebetszeit

und teilte Gott meinen Kummer darüber mit, irgendwie zu einer Wüste geworden zu sein, in der niemals wieder etwas wachsen konnte. Ganz unvermittelt fand ich mich daraufhin in einem gewaltigen Bild wieder. Im Geist stand ich auf einem fruchtbaren Feld, auf dem langes Spätsommergras wogte. Zu meiner Linken wuchs mitten im Feld ein wundervoll geformter Apfelbaum, dessen Äste sich unter der Last rot heranreifender Äpfel bogen. Durch den weißen Nebel, der über der ganzen Szenerie hing, konnte ich im Hintergrund einen schwarzen Jägerzaun ausmachen, wie ich ihn aus Kentucky kannte, der das Feld mit dem Apfelbaum umgab.

Ich war noch dabei, alles zu betrachten und darüber nachzudenken, was ich sah, als das Wetter umschlug. Ein starker Ostwind kam auf, fegte das Gras nieder und rüttelte an den Ästen des Baumes. Die Temperatur fiel. Wolkenbruchartig peitschte harter, eisiger Regen über das Feld und dort, wo er auf die Grasnarbe prasselte, spritzte der Dreck hoch. Silberne Pfützen sammelten sich am Fuß der Zaunpfosten und an Stellen, auf denen kein Gras wuchs. Ich selbst war durchnässt bis auf die Haut, kalt bis auf die Knochen und voller Freude. Bald verblasste das Bild und mir wurde bewusst, dass ich immer noch auf dem grünen Sofa in meinem Büro saß. Gleich war es Zeit für den Unterricht.

Was bedeutete mir das Gebetsbild damals und welche Bedeutung hat es heute für mich? Da war zunächst der Apfelbaum. Er stand und steht noch für die üppige, knorrige, ausladende Gegenwart Gottes in mir, die auf geheimnisvolle Weise wächst und voller nahrhafter Äpfel hängt, die im kalten Regen reifen, gut, echt und schön.

Dann war da noch das grasbewachsene Feld. Vom ersten Moment an war mir klar, dass ich selbst das Feld war und dass das Gras, das darauf wuchs, die vor mir liegende Arbeit symbolisierte, die ich zu bewältigen hatte. Wie diese Arbeit aussehen würde, wusste ich nicht und ich brauchte es auch nicht zu wissen. Denn das ganze Bild enthielt das Versprechen, dass ich entgegen dem äußeren Anschein doch nicht zur Wüste geworden war. In mir wuchs und gedieh es üppig, auch wenn ich es im Moment nicht wahrnehmen konnte.

Schließlich kam der Regen. Der Niedergang dieses Regens, der so heftig und kalt war, enthielt die Botschaft, dass ich das Ziel noch nicht erreicht hatte und das Gras noch nicht zum Mähen reif war. Ein hartes Stück Arbeit stand mir bevor. Aber gleichzeitig durfte ich davon ausgehen, dass der bevorstehende Regen, der mich bis aufs Mark frieren lassen würde, ja *nur* kalt und ungemütlich war. Das, was mich wachsen ließe, würde mir keinen Schaden zufügen. Schließlich hatten die Zusagen dieses Bildes, der Ruf zur Arbeit, den es enthielt, und der Regen, der mich erwartete, ein- und dieselbe Quelle, nämlich Gott.

Als Letztes blieb der schwarze Zaun, der die Rückseite des Feldes begrenzte, und was seine Bedeutung angeht, muss ich gestehen, dass ich mir unsicher bin. Als ich an jenem Tag in meinem Büro den Zaun sah, wunderte ich mich zunächst, was um alles in der Welt er dort zu suchen hatte. Dann vernahm ich innerlich klar und deutlich die Worte: „Er ist zum Draufsitzen und Herumklettern gedacht." Ich fragte mich, wer da wohl sitzen und klettern sollte.

Obwohl es mir damals nicht ganz klar war, denke ich jetzt, der Zaun in meinem Bild wollte darauf hinweisen, dass die äußerst persönliche und unser tiefes Innere betreffende Arbeit, die ich oder irgend jemand anders im Gebet leistet, nie „nur für mich allein" geschieht, sondern immer genauso unseren Brüdern und Schwestern in Christus dient wie uns selbst. Wir alle spielen und rasten auf den Gebeten der anderen genauso wie auf unseren eigenen. Das macht das Leben in der Gemeinschaft der Heiligen aus.

Meine Schreibprobleme waren keineswegs verschwunden, als ich mich an jenem Tag im November von meinem Gebet erhob. Aber ich empfand eine gewisse Zuversicht, dass die Dinge in mir heranreiften. Wenn ich aufmerksam blieb, auf dem Sprung war, um an die Arbeit zu gehen, wenn die Gelegenheit dazu kam, und ich bereit war mutig zu sein, egal wie kalt der Regen auch ausfallen mochte, dann würde das Gras wachsen, würden die Äpfel reifen und die Zeit kommen, in der ich wieder schreiben konnte.

Genau so geschah es. An Weihnachten steckte ich wieder mitten drin, und die Arbeit und theologische Reflexion, die ich im Gebet leistete, war so bedeutsam und so schwer für mich wie die Male zuvor auch.

Von Kindheit an bis zu diesem Zeitpunkt hatte ich in meinem Leben fast eine Krisenzeit nach der anderen erlebt. In den letzten zwölf bis fünfzehn Jahren war es mir gelungen, den Krisen einen Sinn abzugewinnen und innere Heilung dadurch zu finden, dass ich sie als einen Prozess verstand und durchlebte, der von der Kreuzigung über den Tod zur Auferstehung, dem großartigen Fest von Ostern führte. Nun stand ich vor der Aufgabe zu lernen, mein Leben in der Alltagswelt oder, um es bildhaft und liturgisch auszudrücken, in der „Festlosen Zeit“[3] stärker zu gestalten. Auf deine Frage hin will ich dir von diesem Lernprozess berichten.

Bevor ich nun aber zu konkreten Dingen komme, mit denen ich mich in letzter Zeit in meiner Gebetspraxis auseinandergesetzt habe, will ich die untrennbar miteinander verflochtenen theologischen Grundannahmen und die Grundannahmen über das Gebet skizzieren, von denen ich ausgehe. Erst dann, so scheint es mir, kann ich dir meine Arbeitsweise so klar darlegen, dass es für dich wirklich hilfreich ist.

Es mag für dich nicht zutreffen, aber ich habe festgestellt, dass für viele Menschen Gebet und Theologie anscheinend wenig miteinander zu tun haben. Für mich dagegen ist eine der wichtigsten Erkenntnisse, die ich im Lauf der Jahre gewonnen habe, die, dass es im Grunde genommen unmöglich ist, Gebet und Theologie auf der praktischen Ebene zu trennen. Zum einen kommt in jeder Art von Gebet, das ein Mensch in Form von Worten, Gesten, Haltungen oder Empfindungen jemals verrichtet, zum Ausdruck, für wen wir Gott – zumindest unbewusst – halten, wie Gott unserer Meinung

---

[3] Der englische Begriff „Ordinary Time“ bezeichnet sowohl den Alltag als auch in der liturgischen Sprache die lange Zeit nach Trinitatis bis zum Ende des Kirchenjahres. Anm. d. Übers.

nach wirklich ist und wie wir unsere Beziehung zu Gott beurteilen. Denk zum Beispiel daran, was du über Gott und über dich aussagst, wenn es dir ein Bedürfnis ist, jedes Gebet, sei es öffentlich oder privat, mit einem Sündenbekenntnis zu beginnen.

Andererseits beeinflussen unsere Einschätzungen darüber, wer Gott ist und wie wir zu Gott stehen, uns unmittelbar, gerade in einer bestimmten Weise und nicht anders zu beten. Überlege dir, wie wir uns Gott präsentieren müssen, wenn wir – so wie ich und meine Mitstudierenden am Theologischen Seminar damals – davon überzeugt sind, dass Gottes Aufmerksamkeit und Liebe nicht den „kleinen Sorgen" Einzelner gelten, sondern den übergeordneten Anliegen sozialer Gerechtigkeit wie etwa Krieg und Welthunger. Und denke dagegen daran, was es für unser Beten bedeutet, wenn wir mit dem Psalmisten von Psalm 139 zutiefst davon überzeugt sind, dass Gott von Beginn unserer Existenz im Mutterleib an alles von uns weiß und dass Gott außerdem ein überaus großes persönliches Interesse an uns hat.

Theologie und Gebet sind auch noch in einer anderen, feinen, aber damit zusammenhängenden Weise miteinander verbunden. Viele Menschen glauben, „wahre" Theologie sei abstrakte und rein theoretische Rede über Gottes Wesen und Handeln und je abstrakter, theoretischer und allgemeiner sie sich gebe, desto ernstzunehmender sei sie. Es könnte nichts weiter von der Wahrheit entfernt sein als das. In der wahren Theologie und im Gebet geschieht ein und dasselbe, nämlich rettendes Werk (diese Formulierung stammt von meiner Kollegin Rebecca S. Chopp).[4] Es geht darum, Gott zu entdecken und die Wirklichkeit und uns selbst so verstehen zu lernen, wie wir sind, damit wir wachsen und gedeihen und zu den liebevollen Menschen werden können, die Gott sich wünscht. Gebet und theologische Reflexion bedingen sich gegenseitig, sie sind zwei Seiten eines Ganzen, die sich nicht trennen lassen.

Dies führt uns nun zu meiner ersten theologischen Grundan-

---

[4] Vgl. R. Bondi, Gott ist größer als mein Herz, S. 10, Anm. d. Übers.

nahme, die gleichzeitig eine Grundannahme über das Gebet ist. Sie lautet: Vor allem, über allem und hinter allem steht die Tatsache, dass Gott uns liebt. Gott liebt uns maßlos, geradezu lächerlich, grenzenlos, bedingungslos. Gott ist in uns verliebt, ja richtiggehend in uns vernarrt. Gott sehnt sich nach uns.[5] Gott liebt uns nicht, „obwohl wir so sind, wie wir sind" oder „weil Gott weiß, was aus uns werden kann". Den wunderbaren Gelehrten des 4. und 5. Jahrhunderts zufolge, die mich lehrten, was ich nun selber weitergebe, liebt Gott uns so hoffnungslos wie eine Mutter ihr kleines Kind liebt und wie Säuglinge jede Person lieben, die ihnen ein Lächeln schenkt. Gott liebt uns so, wie wir sind, und auch wenn wir es uns manchmal kaum vorstellen können, hat Gott uns außerdem einfach *gern*.

Natürlich wissen wir, dass Gott uns liebt. Wir hören es ständig und wir reden selbst davon. Aber davon zu sprechen und es in unserem Kopf für wahr zu halten heißt noch lange nicht, dass wir von Herzen davon überzeugt sind. Ich habe im Lauf der Jahre viele Dinge über Gott gelernt. Aber nichts fiel mir so schwer zu lernen wie das Vertrauen darauf, dass Gott mich liebt. Teilweise liegt das sicher daran, dass mir in den Gemeinden, in denen ich aufgewachsen bin, beigebracht wurde, dass Gott vor allen Dingen gut sei und von den Menschen erwarte, ebenfalls gut zu sein. Weil wir – ich – aber nicht gut, sondern sündige Menschen seien, hätte ich es eigentlich verdient, zu ewiger Verdammnis und Verwerfung verurteilt zu werden. Allein Gottes Liebe bewahre mich davor, unmittelbar in der Hölle zu landen. All das leuchtete mir ein. Es stimmte mit den Ansichten über mich überein, die ich von meinem kritischen und anspruchsvollen Vater her kannte. Er liebte mich. Aber mir schien, dass er mich nicht so liebte, *wie* ich war, sondern *obwohl* ich so war.

Die Auswirkungen auf meine Beziehung zu Gott waren absolut vorhersehbar: Als Kind hatte ich schreckliche Angst vor Gott, und obwohl ich es mir erst nach langer Zeit im Gebet eingestehen

[5] Diese Rede von der Sehnsucht Gottes ist charakteristische Ausdrucksweise der griechischen Kirchenväter, insbesondere der Anhänger des christlichen Platonismus.

konnte, war meine Angst als Erwachsene noch genauso groß. „Vertrau einfach auf Gott!", bekam ich immer wieder zu hören. „Vertrau auf Gott!" Allein die Vorstellung, als die Person, die ich wirklich war, vor Gott zu sitzen, ließ mich vor Scham vergehen. Was die Liebe Gottes zu mir anbelangte, konnte ich mir einreden, was ich wollte. In Wirklichkeit war ich davon überzeugt, es gehöre zu Gottes bevorzugten Beschäftigungen, alle meine Fehler, Sünden und Mängel abzuwägen und darüber ein Urteil zu fällen.

Erst als Erwachsene gelang es mir schließlich doch zu glauben, dass Gott wirklich kein gesteigertes Interesse daran hat, über alles zu richten, was ich tue, und dass Gott wahrhaftig genau die Person liebt, die ich bin, wie es für alle anderen Menschen auch gilt. Wie es dazu kam, habe ich an anderer Stelle beschrieben.[6] Hier möchte ich nur so viel sagen: Ich glaube, dass wir uns furchtbaren Schaden zufügen, wenn wir uns selbst und anderen einreden, dass Gott uns liebt, obwohl wir so sind, wie wir sind, und wenn wir uns darüber hinaus dann noch dazu ermahnen, Gott unsererseits dafür wiederzulieben. Als Kind waren meine Furcht und Verzweiflung so übermächtig, dass es mir unmöglich war zu „glauben" und Gott zu lieben, so sehr ich mich auch darum bemühte. Jetzt denke ich oft, dass gerade die Tatsache, es nicht zu können, ein Geschenk der Gnade Gottes war, und ich bin dankbar dafür. Was wäre mit mir passiert, wenn ich es geschafft hätte, eine Vorstellung von Gott zu lieben, die meiner Meinung nach alles an mir verachtenswert fand? Was mag das grundsätzlich in einem Menschen bewirken? Der Gebrauch einer solch verurteilenden „obwohl"-Sprache hält uns wahrscheinlich davon ab, in Gottes Gegenwart ehrlich mit uns selbst zu sein. Und sie verhindert mit Sicherheit, dass wir uns entfalten und uns über die Gegenwart Gottes freuen können, wie Gott es möchte.

Meine erste Grundannahme lautet daher, dass Gott mich und alle Menschen vorbehaltlos liebt. Die zweite Grundannahme hängt mit der ersten zusammen und ist ebenfalls das Ergebnis eines langen

---

6 Vgl. R. Bondi, Gott ist größer als mein Herz, Erstes Kapitel. Dort habe ich diesen langen Prozess geschildert.

Prozesses. Den bedeutenden Gelehrten der Alten Kirche in den ersten fünf Jahrhunderten nach Christus wie Irenäus, Athanasius, Antonius und Gregor von Nyssa zufolge sind alle Menschen nach dem Bild Gottes geschaffen. Die Ebenbildlichkeit beinhaltet für sie, dass wir alle in der Absicht geschaffen sind, Gott und einander zu erkennen und zu lieben und uns unsererseits geliebt zu wissen. Unser Lieben und Erkennen ist dabei nicht identisch mit der Liebe und der Erkenntnis Gottes, sondern so, wie es uns Menschen entspricht.

Sie lehren aber auch, dass wir in einer gefallenen Welt leben, also in einer Welt, in der das Bild Gottes in uns allen zwar nicht verloren, aber doch geschädigt ist. Diese Beschädigung ist die Ursache dafür, dass es uns so schwer fällt, Gott oder andere Menschen wirklich zu erkennen und zu lieben. Unsere eigenen Verletzungen, sie nennen sie „Passionen“[7], trüben unser Sehvermögen so sehr, dass wir nicht einmal mehr bis zu unserer eigenen Nasenspitze sehen können, geschweige denn darüber hinaus. Zu diesen Verletzungen gehören unsere Ängste und Sorgen um die Vergangenheit und um die Zukunft, unser zerstörerischer Zorn und die Unfähigkeit, dort unsere Wut zuzulassen, wo sie angebracht ist, unser Neid, unsere tödliche Scham, unsere Verbitterung über verpasste Chancen, unsere Abstumpfung, die wir pflegen, damit es weniger weh tut und so weiter und so fort.

Meine Ausdrucksweise hier ist sehr bewusst gewählt. Wie die Gelehrten der Alten Kirche beschreibe ich das, was in unserem persönlichen Leben nicht stimmt, weniger mit der Begrifflichkeit von *Sünde, die es zu bereuen gilt*, sondern viel stärker als *Verletzungen unserer Fähigkeit, Liebe zu geben und zu empfangen, die der Heilung bedürfen.*[8]

---

[7] Damals wurde das Wort „Passion“ nicht wie heute üblich im Sinn von „starke Gefühle, Leidenschaften“ verwendet.

[8] Antonius der Große, der in der alten Kirche als einer der Begründer des Mönchtums besonders verehrt wurde, spricht in einem seiner Briefe von der „großen Wunde“, mit der die Menschheit geschlagen ist.

Ich tue das nicht, weil ich die Existenz von Sünde und Buße leugne. Obwohl ich immer wieder feststelle, dass die Grenzen zwischen „absichtlich“ und „ungewollt“ sehr fließend sind, finde ich es doch angebracht, von Sünde zu reden, wenn es um Situationen geht, in denen wir echte, wenn auch manchmal halbwegs unbewusste Entscheidungen treffen und es eigentlich besser wüssten und besser könnten. Die Sünde lässt uns absichtlich die Augen vor den Bedürfnissen und Wünschen anderer verschließen. Grob gesagt führt die Sünde dazu, dass wir uns selbst und andere in manchmal sehr verhängnisvoller Weise verletzen, weil es uns gerade so passt oder weil wir einfach keine Lust haben, uns anders zu verhalten. Für unsere Sünde ist Buße nötig.

Es gibt allerdings wenigstens eine ernstzunehmende Schwierigkeit in der Art und Weise, wie moderne Christen und Christinnen die Begriffe Sünde und Buße verwenden, um damit alle oder zumindest die meisten Ursachen ihrer inneren Unzufriedenheit zu erklären. Es hat dann den Anschein, dass wir an allem, was in unserem Leben schief läuft, letztlich selber schuld sind, auch wenn nicht immer erkennbar ist, worin die Schuld besteht.

Manche lassen sich dadurch so sehr entmutigen, dass sie kapitulieren und das Gefühl haben, sowieso alles falsch zu machen.

Andere reagieren genau entgegengesetzt: Da es ja offensichtlich ist, dass niemand für alles persönlich verantwortlich sein kann, was im Leben schief läuft, lehnen sie es letztendlich auch ab, die Verantwortung für die Dinge zu übernehmen, für die sie tatsächlich verantwortlich sind.

In beiden Fällen, ob aus dem Gefühl von Angst und Unzulänglichkeit oder aus dem Empfinden, dass alles bedeutungslos sei, fällt das Beten schwer – und das Leben ebenso.

Tatsächlich sagen uns unser gesunder Menschenverstand und die Gelehrten der Alten Kirche beide, dass unsere ernsthaften Probleme wesentlich vielschichtigere Ursachen haben, als wir gerne wahrhaben wollen. Vieles von dem, was uns dazu bringt, uns selbst oder anderen weh zu tun, wurzelt in verletzenden Verhaltensweisen und Beziehungsmustern, die wir aus unserem gesellschaftlichen

Umfeld oder unserer Familie kennen und die dort für gut und richtig befunden wurden. Ein offensichtliches Beispiel dafür ist etwa die in unserer Gesellschaft immer noch geltende Vorstellung, dass echte Männer sich durch nichts erschüttern lassen und weder ihre eigenen Gefühle noch die anderer ernst nehmen sollten. Manches, was uns fortwährend schmerzt und uns veranlasst, auch anderen weh zu tun, lässt sich auf konkrete Erfahrungen zurückführen, die bis in die früheste Kindheit reichen können. Anderes hat mindestens ebensoviel mit den Veranlagungen zu tun, die wir bei unserer Geburt mitbekommen haben, wie mit irgend etwas anderem in unserem Leben.

Mir selber einzureden, dass meine Depressionen, meine Reizbarkeit, mein Perfektionismus oder meine Verlustangst Sünde und Unrecht Gott gegenüber seien, für die ich Buße tun muss, hilft mir weder für meinen Umgang damit, noch für mein Beten darüber. Eine solche Selbstverurteilung trägt höchstens dazu bei, mich zu unterminieren und von Gott wegzubringen. Ich fühle mich noch hilfloser in meiner Schuld verstrickt, wenn ich entdecke, dass – wie einer der Gelehrten aus dem frühen Mönchtum zu sagen pflegte – „Gewalt sich nicht mit Gewalt vertreiben lässt“. Wir können zwar lernen, unser Verhalten zu kontrollieren, aber es gelingt uns kaum, einfach knallhart mit uns selber zu sein, Buße zu tun und aufzuhören, so zu sein, wie wir sind. Wenn wir dagegen Depressionen, Perfektionismus und Verlustangst als die Verletzungen akzeptieren, die sie tatsächlich sind, eröffnet uns dies den weiten Raum und den langen Atem, die wir brauchen, um in den Heilungsprozess einzutreten und in der Erwartung der Gnade Gottes zu leben. Vater Poemen, einer der ägyptischen Wüstenväter, hat gesagt: „Nicht zu wissen, was geschehen ist, hält uns davon ab, zu etwas Besserem weiterzugehen.“ Wenn wir unsere Verletzungen als das erkennen, was sie sind, nämlich Verletzungen der Ebenbildlichkeit Gottes, die uns davon abhalten, das zu lieben, was Gott heil werden lassen möchte, können Scham und Schuld uns nicht mehr lähmen. Wir gewinnen die Kraft, im Gebet uns selbst und unsere Erinnerungen anzuschauen. Das ist schmerzhaft, aber nötig, um Heilung für die teilweise entsetzlichen Verletzungen zu erfahren.

Dies führt uns zu meiner nächsten Grundannahme: Das Bemühen um Heilung für die beschädigte Ebenbildlichkeit Gottes in uns sollte langfristig breiten Raum in unserem persönlichen Gebet einnehmen. Damit sind manche nicht einverstanden. In der christlichen Tradition, besonders in der Zeit seit der Reformation bis heute, gibt es viele, denen diese Ausdrucksweise ein Dorn im Auge ist, weil sie sie für zu psychologisch, zu ichbezogen und zu sehr auf den Menschen anstatt auf Gott ausgerichtet halten. Sie sind der Meinung, dass die Blickrichtung des Gebets von uns weg weisen sollte. Gebet hat in erster Linie der Anbetung Gottes zu dienen und zur Ehre Gottes zu geschehen.

Ich habe bereits erwähnt, welche Ansicht die Mehrheit der Gelehrten vertritt, die in der Tradition des frühen Mönchtums des vierten, fünften und sechsten Jahrhunderts stehen, von denen ich persönlich sehr viel gelernt habe: Zorn, Zukunftsangst, Neid, Depression und anderes haben so tiefe Wunden in uns hinterlassen, dass es uns *unmöglich* ist, *Gott* wirklich zu kennen und zu lieben, solange wir nicht fähig werden, *uns selbst* und die Menschen um uns herum so zu sehen, wie wir und sie wirklich sind. Dazu ist Heilung notwendig.

Wie können wir feiern, dass Vergebung zu Gottes Wesen gehört, wenn wir selbst unfähig sind, Vergebung zu üben oder anzunehmen? Wie können wir aufrichtig danken für das, was Gott uns schenkt, wenn unsere Erfahrungen uns so fertiggemacht haben, dass wir Gottes Geschenke nicht einmal mehr wahrnehmen können? Wie können wir Gott als gerecht verehren, wenn wir nicht klar trennen können zwischen *Gott*, dem Vater, und unserem *menschlichen* Vater, dessen Umgang mit seinen Kindern so offenkundig von Willkür geprägt war? Die Aussagen der Gelehrten stimmen mit meinen persönlichen Erfahrungen überein: Gott wirklich zu kennen heißt, uns als Gottes geliebte Geschöpfe zu begreifen. Wenn wir Gott lieben und verehren lernen möchten, bedeutet das für die meisten von uns, dass wir dem Prozess der inneren Heilung einen erheblichen Teil unserer Gebetszeit einräumen müssen. Dann werden wir Gott wahrnehmen, erkennen und unser Leben mit Gott teilen können.

„Verletzungen!“, höre ich dich etwas beunruhigt endlich einwenden. „All deine theologischen Thesen in Ehren, aber ich werde einfach das Gefühl nicht los, dass du die Sünde nicht richtig ernst nimmst. Warum beschreibst du das, was eindeutig Sünde ist, so lang und breit als Verletzungen? Wo redest du davon, wie sehr Gott die Sünde hasst?“ Ich stelle die Rückfrage, liebe Freundin, warum wir Christen und Christinnen eigentlich so sicher sind, dass Gott vor allem anderen unsere Sünde wahrnimmt, wenn Gott uns ansieht?

Ich erinnere mich noch genau an die Situation, als ich die Alternative dazu wirklich begriffen habe. Ich las ein Buch der englischen Theologin Margaret Hebblethwaite, die sich bemühte, ihre Aufgaben als Mutter von drei kleinen Kindern unter sechs Jahren zu erfüllen und ihre Erfahrungen damit parallel dazu ins Gebet hinein zu nehmen und theologisch darüber zu reflektierte.[9] Das Buch war das Ergebnis ihres persönlichen Nachdenkens über Gott aus der Perspektive ihrer Freuden und Leiden als Mutter. Sie schrieb sehr ehrlich und deshalb waren viele Passagen für mich natürlich äußerst schmerzhaft zu lesen, aber es gab auch einen Abschnitt, der mich ganz besonders beeindruckte. Sie ging der Frage nach, ob Gott als unsere Mutter uns möglicherweise mit der gleichen Begeisterung liebte wie eine Mutter ihr kleines Kind. Sofort fiel mir ein, wie ich damals vor der Kühlschranktür gestanden hatte, die von den Gemälden meiner zweijährigen Tochter geziert wurde. Ich konnte mich noch genau an die Bilder und die vielen Kleckse darauf erinnern. Die Kleckse waren absolut unwichtig für mich! Im Gegenteil – ich platzte fast vor Stolz, Glück und Freude über mein Kind und dachte: „Meine Tochter ist eine richtige Künstlerin!“

Nun komme ich zu dem, was mir dabei wichtig wurde. Als ich daran zurückdachte, wie ich die Bilder von Grace betrachtet und dabei so viel Stolz und Liebe empfunden hatte, drängte sich mir eine Frage auf: Was wäre, wenn Gott uns wie Kinder ansieht und nicht

[9] Margaret Hebblethwaite, Motherhood and God, London 1984. Ich versuche, ihre Gedanken sorgfältig von meinen zu trennen. Ich bin mir nicht sicher, ob sie mit mir übereinstimmen würde, dass Gottes Freude über uns Gottes Interesse an unserer Sünde bei weitem überwiegt.

als erstes entsetzt ist über all die schrecklichen Dinge, die wir tun, sondern zunächst einfach mit Liebe für uns erfüllt ist? Was wäre, wenn Gott das schreckliche Durcheinander, das wir verursachen, zwar durchaus sieht, aber einfach sagt: „Ja, ich weiß das alles, aber viel wichtiger ist es doch, dass sie mir lieb und teuer sind. Für mich sind ihre ersten Malversuche wunderschön und ich liebe sie so sehr, dass es weh tut."

Meine Freundin, kann es wirklich hilfreich sein, ausschließlich mit dem Begriff der Sünde zu operieren, wenn dies verhindert, dass wir uns in Gottes Gegenwart sicher und geliebt wissen und wir stattdessen von Gott weggetrieben werden? Ist es überhaupt denkbar, dass Gott uns anders sieht als ich es beschrieben habe, wenn Gott uns tatsächlich mit der gleichen Zärtlichkeit liebt wie ich damals meine kleinen Kinder? Und wenn wir einmal für uns bejaht haben, dass Gott uns so sieht, ist es dann nicht selbstverständlich, dass wir lernen möchten, uns vom Gefühl unserer Unwürdigkeit in der Gegenwart Gottes zu lösen, damit auch wir Gott lieben können?

Diese Gedanken führen mich unmittelbar zu meiner nächsten theologischen Grundannahme: Anthropomorphe Sprache[10], Bilder und Erfahrungen sind, wie wir gerade gesehen haben, nicht nur hilfreich, sondern auch ganz und gar angemessen, wenn es um den Aufbau, die Gestaltung und das Verstehen unserer Beziehung zu Gott geht.

Mir ist bewusst, dass diese Behauptung für dich schwierig und überraschend sein mag. Immerhin weiß ich ja, dass du Erfahrungen mit anthropomorpher Sprache und Bildern hinter dir hast, die außerordentlich bedrückend für dich waren. Du bist nicht die Einzige. In meinem Bekanntenkreis gibt es viele Männer und Frauen, die ihr Leben lang versuchen, der Gottesvorstellung ihrer Kindheit zu entfliehen, dem Bild von Gott als einem strengen, alten Mann, der einen langen, weißen Bart hat und auf einem Thron sitzt. Du weißt ja, dass auch ich selbst jahrelang gegen tiefe Verletzungen

[10] Auf Gott übertragene menschliche Eigenschaften. Anm. d. Übers.

gekämpft habe, die daher rührten, dass mir jegliche Vorstellung davon fehlte, welche Bedeutung es für mich haben sollte, nach dem Bild Gottes geschaffen zu sein, wenn ich doch nur männliche Gottesbilder kannte, selbst aber eine Frau war.

Eine Möglichkeit, die wir in der Vergangenheit ausprobiert haben, um dem Problem gefährlicher menschlicher Bilder von Gott aus dem Weg zu gehen, bestand darin, einfach alle menschlichen Bilder als Gott nicht angemessen zu bezeichnen. Am Theologischen Seminar endete unsere Auseinandersetzung mit diesem Thema gewöhnlich mit der Feststellung, dass Gottes Wege ja nicht unsere Wege und Gottes Gedanken nicht unsere Gedanken seien. Gott ist Geist. Gott ist wirklich anders als wir. Das heißt doch, dass menschliche Bilder oder Bezeichnungen Gott allenfalls angemessen sein können, wenn die Übertragung ganz vage und bildhaft bleibt.

Es gibt allerdings gewichtige Aspekte, die deutlich machen, dass dies nur die halbe Wahrheit ist. Die Alte Kirche verwendete einen großen Teil ihrer Energie darauf, um genau diesen Punkt im Blick auf die Transzendenz Gottes zu verteidigen.[11] Auch wenn es manchem nicht passt, müssen wir akzeptieren, dass Gott sich nicht kontrollieren und manipulieren lässt, wie wir es gerne hätten, mögen unsere Gründe und Absichten noch so gut sein. Gott ist nicht einfach ein außerordentlich bewundernswerter Mensch in überdimensionaler Größe. Gott hat keinen menschlichen Körper und keine menschliche Identität, die uns entspricht. In wesentlichen Bereichen ist Gott für uns nicht vorhersagbar. Wir können Gott nicht in gleicher Weise kennen, wie wir andere Menschen zu kennen glauben.

Allerdings vermögen diese Aussagen weder kurzfristig noch langfristig zufriedenzustellen. Wir sind so geschaffen, dass es zum Menschsein gehört, in Beziehung zu anderen zu stehen. Dies ist eine so grundlegende Wahrheit, dass ich wohl kaum übertreibe, wenn ich behaupte, dass wir ohne Beziehungen unfähig sind, als

---

[11] Die Bedeutsamkeit dieser Fragestellung wurde für die Alte Kirche in der Kontroverse mit dem arianischen Ansatz offensichtlich.

Menschen zu wachsen, sogar unfähig, überhaupt als Menschen zu leben. Deshalb ist es nur natürlich, dass wir uns nach Vertrautheit mit Gott, nach Nähe und nach einer Beziehung zu Gott sehnen.

Zum Glück, oder besser gesagt, Gott sei Dank, lassen sowohl die Bibel als auch die christliche Tradition keinen Zweifel daran, dass Gott eine Beziehung zu uns eingehen kann und dies in der engsten nur denkbaren Weise auch tut. Von Jesus wissen wir, dass Gottes Interesse an uns so intensiv und persönlich ist, dass Gott die Zahl der Haare auf unserem Kopf kennt, und weder die Bibel noch die Gelehrten der Alten Kirche haben auch nur die geringsten Hemmungen, unsere Beziehung zu Gott in menschlichen Begriffen zu beschreiben. Gott kann bei uns sein wie eine Mutter bei ihrem Kind, das die ersten Malversuche mit Fingerfarben unternimmt, wie ein leidenschaftlicher Liebhaber oder ein zärtlicher Vater, wie eine Freundin oder eine Ehepartnerin, sogar wie ein hilfloser, argloser Säugling. Und immer wird etwas in uns wachgerufen, das uns nicht nur mit Gott verbindet, sondern uns ein Stück mehr zu uns selbst finden lässt.

Aber wie ist es möglich, weiterhin in der Sprache so vertrauter menschlicher Beziehungen verhaftet zu bleiben, wenn wir doch davon ausgehen müssen, dass alles Reden von Gott bildhafte Rede ist? Um diese Frage zu beantworten, möchte ich zwei Dinge beleuchten, die Bedeutung der Inkarnation einerseits und die Frage, was es heißt, nach dem Bild Gottes geschaffen zu sein andererseits.

Zunächst zur Inkarnation. In der Geschichte des Christentums gab es unzählige verschiedene Zugänge zu Gott. Aber dennoch herrschte in der Tradition immer Einigkeit darüber, dass Gott, um uns Gottes Wesen so klar und eindeutig wie möglich zu offenbaren, nicht den Weg wählte, als körperloses Prinzip oder „rein" geistig unter uns zu erscheinen. Gott kam zu uns als Mensch. In der Person Jesu wurde Gott in eine menschliche Familie hinein geboren. Jesus lebte als Mensch wie wir, er starb, wurde begraben und auferweckt und war dabei immer von Menschen umgeben, von seiner Mutter, seinen Freunden und Freundinnen, von denen, die ihm nachfolgten, und vielen anderen, zu denen er eine vertraute und persönliche Beziehung hatte.

Du kannst natürlich immer noch sagen, dass alle diese Beziehungen Jesu zu Menschen in seiner Umgebung, von denen die Evangelien berichten, lediglich ein Erweis seines Menschseins sind, aber nichts darüber aussagen, wie Gott ist oder wie sich Gott als Geist tatsächlich verhält. Im Johannesevangelium finden wir eine Antwort darauf. Als der ängstliche Philippus bittet, Jesus möge ihm den Vater zeigen, zu dem er seinen Worten zufolge gehen wird, sagt Jesus zu ihm: „Ich begreife es nicht! Wie kann es sein, dass du es nach der langen Zeit immer noch nicht begriffen hast! Weißt du nicht, dass wer mich sieht auch den *Vater sieht*?"

Als Christen und Christinnen berufen wir uns darauf, dass Jesus ein Mensch war, der nach dem Bild Gottes geschaffen war. Durch sein Menschsein hat er uns gezeigt, wie die unverletzte Ebenbildlichkeit Gottes aussieht. Doch selbst innerhalb der christlichen Tradition gibt es Stimmen, die uns einreden wollen, dass sich die „echte" Wahrheit nur in allgemeinen und unpersönlichen Formulierungen fassen lasse und frei von Emotionen, frei von den verwirrenden Besonderheiten des täglichen Lebens und frei von Beziehungen bleiben müsse. Jedes Mal, wenn wir in der Versuchung stehen, diesen Stimmen nachzugeben, kommt Gott in Gestalt der Inkarnation zu uns und sagt: Nein!

Wenn wir erkannt haben, dass die Ebenbildlichkeit Gottes uns in die Lage versetzen will, von Herzen zu lieben und uns lieben zu lassen, dann kann es für uns gar kein anderes Verständnis von wahrer Liebe geben, als dass sie immer konkrete Gestalt hat und immer der einzelnen Person oder Situation gilt. Nicht einmal Jesu Liebe spielte sich in einem abstrakten, luftleeren Raum ab, sondern sie galt Menschen aus Fleisch und Blut.

Für mich ist es klar, dass menschliche Beziehungen mit all ihren Schwierigkeiten und Eigenheiten nur gelingen können, weil die Ebenbildlichkeit Gottes in uns zum Tragen kommt. Das ist neben dem Argument der Inkarnation ein weiterer Grund dafür, dass wir uns nie dafür verteidigen müssen, eine Beziehung zu Gott aufzubauen wie zu Menschen, die wir lieben, etwa zu Gott als Geliebtem, als Freundin oder als Elternteil. Jede menschliche Beziehung, in der Liebe eine Rolle spielt, ist, was sie ist, allein darum, weil in ihr Gott verkörpert wird.

Ich stelle mir vor, dass du jetzt vielleicht noch unruhiger geworden bist und sagst: „O nein, soll das etwa heißen, dass du der Meinung bist, die Beziehung zu Gott könne völlig problemlos mit menschlichen Beziehungen verglichen werden?" Nein, das meine ich damit natürlich nicht. Wir müssen deshalb auf allen möglichen Ebenen zugleich sehr sensibel sein. Wenn wir zum Beispiel den Eindruck haben, Gott als Mutter oder als Ehepartner anzusehen sauge alles Leben aus uns, anstatt uns mit Lebendigkeit zu erfüllen, kann das ein Schlüssel zum Ursprung unserer inneren Verletzungen und damit letztlich eine Erfahrung von Gnade sein. Wir merken, woran wir im Gebet arbeiten müssen. Gleichzeitig werden wir herausgefordert zu überprüfen, ob die Vorstellung, die wir von unserer Beziehung zu Gott haben, lebenszerstörende Anteile hat und deswegen Gott nicht entspricht.

Wenn wir Gott beispielsweise als unsere Mutter sehen möchten und dabei voraussetzen, dass Gott als Mutter sich hilflose Säuglinge wünscht, die keinen Ton sagen, dann sind die Probleme vorprogrammiert. In so einem Fall ist es nötig, einerseits unsere eigene Muttererfahrung – sowohl von der Seite der Mutter als auch von der Seite des Kindes her – und andererseits unsere Theologie, die dadurch geprägt wurde und für diese Erfahrungen wiederum sinngebend wirkte, zu überdenken.

Das bedeutet konkret, dass wir, wenn wir uns mit einem bestimmten Bild wie etwa mit dem der „Mutter" schwer tun, genau hinsehen müssen um festzustellen, wo sich dieses Bild der Mutterschaft, durch das wir uns Gott nähern, mit eigenen Erfahrungen kreuzt und inwiefern unsere Beziehung zu Gott und auch die entsprechende menschliche Ursprungsbeziehung dadurch vergiftet sind. Dann ist es nötig, dass wir im Gebet Heilung für die Verletzungen suchen, die aus der ursprünglichen Beziehung stammen und uns nun belasten.

Dies führt mich zur letzten und kürzesten, aber nicht unwichtigsten theologischen Grundannahme, die ich dir in diesem Brief darlegen möchte. Sie lautet so: Im reformatorischen Grundsatz der „sola fide" („allein durch den Glauben" wird der Mensch vor Gott gerecht) liegt eine tiefe Wahrheit. In der Alten Kirche, mit der ich mich beschäftige, wurde das menschliche Heil, sofern damit nicht nur „in den Himmel kommen" gemeint war, allerdings nie *nur* als Ergebnis der Gnade Gottes und genau so wenig *nur* als Ergebnis eigener harter Arbeit betrachtet. Das entspricht meiner Erfahrung.

Es stimmt, dass wir ohne Gnade, ohne Gottes aktive Gegenwart keine Hoffnung auf Heilung der tiefen Verletzungen hätten, die wir in uns tragen. Allerdings geschieht es höchst selten, dass Gott in unser Leben tritt und uns so schlagartig hilft, dass wir uns kaum dagegen wehren können. Das Ziel der Ebenbildlichkeit, zu der Gott uns geschaffen hat, ist die Freundschaft zwischen Gott und Menschen. Obwohl Gott oft helfend einschreitet, wenn wir nicht mehr weiterwissen, geschieht es nie so, dass Gott uns in respektloser und gönnerhafter Weise überfährt und alles für uns in Ordnung bringt, ohne dass wir aktiv daran beteiligt wären.

Obwohl unsere Heilung also voll und ganz von Gott abhängt, ist die Arbeit, die wir im Gebet leisten, nicht überflüssig. Gott stellt uns die Gnade und die Möglichkeit der Heilung zur Verfügung. Unsere Aufgabe ist es, um die heilvolle Gegenwart Gottes zu bitten, die wir brauchen, sie zu suchen, uns ihr auszusetzen, mit ihr zu kämpfen, um ihretwillen einen langen Atem zu haben, durch sie verletzt zu werden, uns von ihr überraschen zu lassen, uns von ihr Dinge zeigen zu lassen, vor denen wir die Augen am liebsten verschließen möchten, sie schmerzhafte Erinnerungen an die Oberfläche bringen zu lassen, uns ihr bewusst auszusetzen, von ihr erniedrigt zu werden, von ihr genährt zu werden, mit ihr zu lachen, und vor allem sie zu erbitten und damit zu rechnen, dass wir sie bekommen. Ich weiß, dass dies ein harter Prozess ist, aber es lohnt sich.

Nach all diesen Ausführungen möchte ich dir zum Schluss noch etwas anderes sagen. In deinem Brief hast du erwähnt, dass deine Kindheits- und Jugenderinnerungen an deinen Vater eine Verletzung sind, mit der du immer wieder kämpfst. Du schreibst, ein Resultat davon sei, dass du schon den Versuch, zu Gott als Vater zu beten, kaum aushalten könnest. Ich bitte dich inständig: Gib nicht auf! Entdecke, wie kostbar diese Anrede ist. Dein Vater mag noch so übermächtig sein, Gott ist er nicht! Gott ist kein zerstörerischer und alles kontrollierender Vater, wie dein Vater es war. Ich glaube allerdings kaum, dass es dir oder irgend einer anderen Person jemals gelingen kann, die Wahrheit zu entdecken, die in meinen Aussagen liegt, ohne selbst den Weg zu gehen und Gott im Gebet von Angesicht zu Angesicht als Vater kennenzulernen. Ich weiß, dass dies ein schmerzhafter Prozess ist. Aber es lohnt sich, ihn durchzustehen und irgendwann den eigenen Vater einfach Vater und Gott Gott sein zu lassen.

In Gedanken bleibe ich mit dir verbunden und grüße dich bis zum nächsten Mal ganz herzlich

Roberta

Zweites Kapitel

Heilsame Gebetspraxis

Liebe Freundin,

dein Brief erfüllt mich mit Erleichterung. Du kannst dir vielleicht denken, wie begierig ich war zu hören, wie du mit all den Dingen klar gekommen bist, die ich dir geschrieben habe. Ich bin froh zu lesen, dass du viel Nachdenkenswertes und manche hilfreiche Anregung darin gefunden hast.

Auch deine freundlichen und dezenten Hinweise darauf, dass mein Brief dich letztlich doch nicht so ganz zufriedengestellt hat, sind mir nicht entgangen und ich kann sie verstehen. Mir ist klar, dass du dir eigentlich ein paar ganz konkrete und praktische Anleitungen für die Art von Gebet, die heilen kann, gewünscht hättest. Aber du hast doch wohl nicht ernsthaft erwartet, dass ich dir einfach so eine Art Gebetscheckliste anbieten würde, die Punkt für Punkt abgehakt werden kann? Versuch geduldig mit mir zu sein, sofern du es kannst. Ich habe sehr bewusst gesagt, ohne zunächst über meine theologischen Grundannahmen und meine Grundannahmen über das Gebet zu sprechen, die für mich untrennbar zusammengehören, sei an eine Antwort auf deine Fragen gar nicht zu denken. Ich bin davon überzeugt, dass du nicht umhin kommen wirst, diese Grundannahmen weiter zu erwägen, während du an deinen Dingen arbeitest. Bei mir ist es jedenfalls so.

Nachdem dies alles geklärt ist (hoffentlich erscheine ich dir nicht als allzu stur), will ich weitergehen und bei deinen Fragen einsetzen.

Ich greife zunächst noch einmal auf, was ich gegen Ende meines letzten Briefes geschrieben habe: Die Heilung der Ebenbildlichkeit Gottes in uns, so dass wir einerseits andere so sehen und lieben können, wie es Gott entspricht, und uns andererseits zugestehen, selber so gesehen und geliebt zu werden, erfordert in gleichem Maß eigene harte Arbeit und Gottes Gnade. Die Erfahrung lehrt, dass wir uns durch Willenskraft allein nicht selber heilen können, von Gott allerdings auch nicht erwarten dürfen, ohne unsere aktive Beteiligung geheilt zu werden.[12]

Auf die Rolle, die Gott in unserem Gebet spielt, werde ich gegen Ende meines Briefes zurückkommen. Zuvor möchte ich auf einige notwendige praktische Voraussetzungen hinweisen, die nötig sind, um die heilsame Gebetspraxis von der menschlichen Seite her anzugehen.

Die erste ist für mich eigentlich selbstverständlich, hat dir aber – so schreibst du – immer Probleme bereitet. Wie sehr du es dir auch von mir wünschen magst, ich kann dir wirklich nicht sagen, was du in deinem Gebet genau tun sollst, genau so wenig wie irgendeine andere Person. Lies so viele Bücher zum Thema Gebet wie du willst – die „richtige" Art zu beten gibt es schlichtweg nicht. So unterschiedlich wir Menschen sind, so vielfältig muss notwendigerweise auch unser Zugang zum Gebet sein. Weil wir – nicht nur du und ich, sondern wir alle – uns unterscheiden in Lebenserfahrungen, theologischen Ansichten, Veranlagungen, körperlicher Verfassung, Begrenzungen und vielleicht besonders darin, wie Gott in uns wirkt, muss deine Art zu beten einfach ganz anders sein als meine.

Überdies wird nicht einmal dein eigenes Gebetsleben das ganze Jahr über gleich aussehen. Ich selbst bete zum Beispiel jetzt im Oktober während des Studienbetriebs ganz anders als vor einem Vierteljahr in der Sommerpause. Eine der Hauptaufgaben im Gebet ist für dich deshalb, herauszufinden, was zu dir persönlich passt. Da du aus einer Tradition stammst, die großes Gewicht darauf legt, dass es nur eine richtige Art zu beten gibt, kann es durchaus sein, dass du dir das nötige Selbstvertrauen hart erarbeiten musst.

---

[12] Die Gelehrten der Alten Kirche bezeichneten diese vereinten Bemühungen menschlicher und göttlicher Kräfte als Synergismus (wörtl.: Zusammenwirken).

Nun zur zweiten Voraussetzung. Ich weiß, wenn du etwas anfängst, willst du es durchziehen bis zum Schluss. Meine Freundin, ich denke, du wirst diese Einstellung aufgeben müssen. Glaube mir, dass es unmöglich ist, im Gebet ständig mit all den Verletzungen zu kämpfen, die wirklich weh tun und die uns schon so lange belasten. Ich persönlich habe die Erfahrung gemacht, dass ich diese anstrengende, oft schmerzhafte Arbeit nur mit Unterbrechungen verkraften kann. Je nachdem, wie hartnäckig das Problem ist, das ich mir vorgenommen habe, kann die Arbeit daran sechs Wochen oder auch nur drei Tage in Anspruch nehmen. Manchmal gebe ich nicht eher auf, bis ich der Sache auf den Grund gegangen bin. In anderen Fällen beschäftige ich mich nur kurze Zeit damit und lasse die Angelegenheit dann für einige Wochen oder Monate ruhen, bis sie mich wieder bedrängt. Es kann daher manchmal Jahre dauern, bis ein bestimmtes Anliegen, das ich im Gebet bewege und bearbeite, wirklich abgeschlossen ist. Es handelt sich hier nicht um einen ununterbrochenen Prozess. Dass du dir das klar machst, ist mir ganz wichtig. Manchmal lasse ich mehrere Monate ins Land ziehen, ohne im Gebet bewusst Probleme zu bearbeiten. Das erleichtert die Sache ungemein und zehrt weniger an den Kräften.

Du wirst entdecken, warum das so wichtig ist, wenn ich dir etwas ins Gedächtnis rufe, was dir sicher längst klar geworden ist – nämlich, dass diese Art des Betens fast immer schmerzhaft und oft fast unerträglich ist. Verstehe mich nicht falsch, ich bin nicht der Meinung, Schmerz sei ein Wert an sich. Aber wenn wir uns dem stellen, was weh tut, und dazu in alten Erinnerungen graben, sie noch einmal durchleben und durchdenken, ist Schmerz unvermeidbar, und unsere einzige Motivation, ihn zu ertragen, liegt im Bewusstsein, auf einem Weg zu sein, der uns längerfristig davon befreit. Für mich ist es immer wieder eine Hilfe, daran zu denken, dass ich den Schmerz nicht vermeiden kann, indem ich die Arbeit daran verweigere, denn es ist ja gerade die Tatsache seiner ständigen Gegenwart, die mich in erster Linie dazu treibt, etwas dagegen zu tun.

Das Dritte, das ich vorweg über diese Art des Betens erwähnen muss, ist das Risiko, das es birgt. Ich denke dabei an ein Gespräch mit einem meiner Brüder vor ein paar Jahren. Er hatte Probleme mit seiner Arbeitsstelle und erhielt daraufhin den Rat, wenn er „alles dem Herrn überlasse", werde er Frieden finden. Als er mich fragte, ob ich das auch so sähe, konnte ich mir ein Lachen nicht verkneifen. Selbst in unserem ganz alltäglichen Gebet kommt es darauf an, ob wir bereit sind, manches an uns selbst und in unserem Leben zu entdecken, das wir vielleicht gar nicht wissen möchten. Manchmal finden wir uns unvermittelt in einer Situation wieder, die Entscheidungen von uns verlangt, die wir lieber nicht treffen würden. Besonders zu Anfang und besonders wenn unsere bisherige Erfahrung mit Gott schwierig war, kann es auch auf unsere Bereitschaft ankommen, uns selbst auf beängstigende Weise Gott auszuliefern.

Viertens gilt, wer in dieser Weise betet, muss bereit sein, Gott gegenüber stur und hartnäckig zu sein. Wenn wir ein Projekt in Angriff nehmen, kann es zwar sein, dass es für eine Weile wieder in den Hintergrund tritt, aber die Entscheidung, nicht aufzugeben und uns um das Heilwerden der Ebenbildlichkeit Gottes in uns zu mühen, muss eindeutig sein. Die bittende Witwe, die sich vom ungerechten Richter nicht abweisen ließ, oder Jakob, der mit dem Engel um den Segen rang, sind Vorbilder dafür. Es ist wichtig, dass wir uns Zeit lassen, selbst wenn es zwanzig Jahre dauert, aber wir dürfen nicht zurückweichen, bevor Gott uns gibt, was wir brauchen.

Keine Sorge, meine Freundin, selbst auf die große Distanz zwischen uns hin vernehme ich deine Frage: „Ist Sturheit nicht genau das Gegenteil von Vertrauen? Bedeutet sie nicht Arroganz?" Ich antworte darauf: Nein, nicht so, wie ich sie sehe. Vertrauen heißt nicht, einfach da zu sitzen in der Gewissheit, wenn ich nur ruhig und brav bleibe, wird Gott schon für mich sorgen. Es heißt auch nicht, dass ich alles, was mir gesagt wird, glauben muss ohne es auch nur im geringsten in Frage zu stellen. Denk an den Vater des kranken Jungen, den Jesus gefragt hat: „Glaubst du, dass ich deinen Sohn heilen kann?" Und er sagte: „Ja, ich glaube; hilf meinem Unglauben!"

Auf Gott vertrauen bedeutet, Gott zu sagen: „Du hast mich in Jesus gelehrt, zu beten: ‚Unser tägliches Brot gib uns heute'. Ich bitte dich nicht um ein Fahrrad zu meinem persönlichen Vergnügen. Ich beharre auf deinem Versprechen, mir das zu geben, was notwendig ist, damit ich die Person sein kann, zu der du mich geschaffen hast. Ich bitte dich um deine Hilfe und bin bereit, im Vertrauen auf dich meinen Teil dazu beizutragen. Wie Jesus mich gelehrt hat, will ich beharrlich, zäh und hartnäckig solange mit all dem, was mich belastet, und mit dir ringen, bis du mir gibst, was ich brauche und mich segnest." Ist das arrogant? Dann glaube ich, dass Gott selbst uns lehrt, es in diesem Sinne zu sein.

Meine Freundin, ich muss noch eine weitere Sache mit dir besprechen, bevor wir zu den konkreten Einzelheiten meiner Gebetsarbeit übergehen, nach denen du gefragt hast. Wer den Mut und die Hartnäckigkeit aufbringen will, sich den schmerzhaften Erfahrungen zu stellen, mit ihnen zu ringen und das Wagnis auf sich zu nehmen, das dieser Prozess in sich birgt, braucht in der Regel die Gewissheit eines sicheren und verlässlichen Raums, in dem das geschehen kann. Deshalb bin ich der Meinung, dass wir alle, auch du, uns die Selbstverpflichtung einer täglichen Gebetszeit auferlegen sollten. Es ist das Wissen um Gottes gütige Vertrauenswürdigkeit, und mag es manchmal noch so getrübt sein, das uns helfen wird, auch die schwierigen Wegstrecken unserer Arbeit zu bewältigen. Diese Gewissheit lässt sich nur durch persönliche Erfahrung gewinnen.

Wie sich unsere Gemeinschaft mit Gott während des regelmäßigen täglichen Gebets gestalten kann, von dem ich hier spreche, möchte ich als nächstes mit dir bedenken. Ich weiß, dass du wie viele andere auch mit einer ganzen Latte von ziemlich übertriebenen Erwartungen ans Gebet konfrontiert worden bist. Du erwähntest in deinem letzten Brief beispielsweise die ständige Ermahnung, während des Betens vollkommen auf Gott konzentriert zu sein, aufmerksam und in würdiger Verfassung, „aufrichtig" und voller Vertrauen und Liebe zu beten, sonst hättest du nicht richtig gebetet. Nicht nur du hast unter dieser unrealistischen Forderung gelitten. Andere mögen dir über ihr Gebetsleben erzählen, was sie wollen, ich kann mir nicht vorstellen, dass es eine einzige Person gibt, die immer oder auch nur meistens so betet, und ich werde dir gleich sagen warum. Zunächst einmal schlage ich dir aber vor, diese wirklichkeitsfremden Erwartungen über Bord zu werfen und durch eine neue Überzeugung zu ersetzen: dass du dich als Basis deines täglichen Gebets dazu verpflichten solltest, einfach jeden Tag aufzukreuzen, egal wie es dir gerade geht.

Meine Freundin, mir ist bewusst, dass die Vorstellungen von der Vornehmheit des Gebetes etwas Verführerisches haben. Ich weiß auch, dass sich weder die Gründe für eine tägliche Gebetspraxis, die ich bisher genannt habe, noch der Sprachgebrauch „aufkreuzen" sonderlich vornehm anhören. Das liegt daran, dass ich geschwollene Sprache und Ansichten verheerend finde, wenn es um das Thema Gebet geht. Echtes Gebet ist in den seltensten Fällen eine edle Angelegenheit, genau so selten, wie es in unseren übrigen echten Beziehungen edel zugeht, sofern sie auf der Gemeinschaft mit tatsächlichen Personen basieren und nicht auf falschen Phantasien von uns selbst und unserem Gegenüber.

Regelmäßiges Gebet im Alltag wirkt von außen betrachtet meistens nicht besonders inspirierend. Wir entmutigen uns selbst, wenn wir meinen, es sollte anders sein. Über weite Strecken können wir tatsächlich kaum mehr tun, als dazusitzen und unsere Gedanken in Gottes Gegenwart wandern zu lassen. Manchmal schlafen wir dabei ein, manchmal ärgern wir uns, manchmal fühlen wir uns halbtot. Die Gründe dafür sind vielfältig und ganz praktisch. Es kann daran liegen, dass wir entweder so wahnsinnig viel zu tun haben oder so übermüdet sind, dass wir kaum mehr wissen, was wir tun. Vielleicht sind wir immer noch dabei zu lernen, dass wir wirklich Gemeinschaft mit Gott haben wollen. Vielleicht sind wir wütend auf Gott, können es aber noch gar nicht wahrhaben oder sind irritiert durch die falsche Vorstellung, Gott wolle uns nur, wenn wir „gut" seien. Manchmal liegt es auch nur daran, dass wir Menschen sind, und dass menschliches Gebet zeitweise einfach so aussieht.

Wichtig bleibt, dass wir aufkreuzen, egal wie es uns geht, in welcher Verfassung wir auch sein mögen. Als ich meine Lehrtätigkeit am Theologischen Seminar aufnahm, war ich nach dem Unterricht regelmäßig so müde, dass ich es kaum schaffte, nach Hause zu kommen. In jenem September schlief ich zu meiner Schande mehrfach beim Abendessen ein, während sich mein Mann und meine Kinder mit mir unterhielten. Ich malte mir aus, wie es wäre, ein belegtes Brot mitzunehmen, um nach dem Abendessen wacher und ausgeruhter nach Hause zu kommen und wirklich für sie da sein zu können. Aber diese Vorstellung gehörte für mich klar ins Reich der Phantasie. Ich war ein Familienmitglied; ich gehörte einfach zu meiner Familie an den Abendbrottisch, unabhängig davon, in welcher Verfassung ich war. Genauso ist es bei Gott (Denk an die vierte theologische Grundannahme aus meinem letzten Brief!). Gott will, dass wir zum Gebet aufkreuzen. Auch Gott wünscht sich keine idealisierten Fassungen unserer selbst. Gott hat uns geschaffen. Gott kennt unsere menschlichen Begrenzungen sehr genau. In der ersten theologischen Grundannahme habe ich es formuliert: Gott liebt uns nicht nur, Gott will uns gerade so, wie wir sind.

Wie stelle ich mir eine regelmäßige Praxis des „einfach Aufkreuzens" vor? Für manche Menschen kann sie bisweilen eher formal sein: Bibellese, Meditation und Gespräch mit Gott. Für andere besteht die ganze Gebetszeit aus dem, was manchmal als „im Gebet die eigene Mitte finden" bezeichnet wird. Wieder anderen ist es wichtig, in der Gegenwart Gottes ruhig zu sitzen und offen zu sein für das, was an Bildern oder Gedanken kommt oder auch nicht kommt. Und manche brauchen ein starkes physisches Element wie Laufen oder Spazierengehen. Du musst ausprobieren, was zu dir passt.

Wichtig dabei ist, dass du eine Form suchst, die du dir möglichst leicht angewöhnen kannst. Du musst also einen Ort finden, an dem du dich wohl fühlst und wo du für kurze Zeit zur Ruhe kommen kannst. Das mag ein begehbarer Schrank, ein Wohnzimmer oder ein Schreibtisch in der Bibliothek sein; Hauptsache, du kommst gut damit zurecht. Such dir die Tageszeit aus, die dir am besten passt, vormittags, nachmittags oder abends. Besonders sorgfältig solltest du überlegen, welche zeitliche Ausdehnung für dich praktikabel ist.

Manche brauchen eine halbe Stunde oder mehr; andere empfinden schon zehn Minuten als lang. Lass dich dabei nicht leiten von dem, was „man tun sollte"; es gibt hier nämlich kein „man sollte". Bestärke dich stattdessen immer wieder darin, dass das, was andere tun oder wozu sie dich ermahnen, ohne Belang ist. Du willst (nicht sollst) es dir – in welcher Länge auch immer – ermöglichen, jeden Tag ein wenig Zeit in Gottes Gegenwart zu verbringen.

Manche werden sich damit trotz allem sehr schwertun. Solltest du zu diesen Menschen gehören, übe bitte so viel Nachsicht mit dir selbst, wie du nur kannst. Meiner Erfahrung nach steckt dahinter in der Regel ein Problem, das nichts mit den normalen Konzentrationsproblemen beim Beten zu tun hat. Wenn du dich schwer tust, gibt es einen guten Grund dafür, der ernst genommen werden muss, auch wenn er dir vielleicht gar nicht bewusst ist. Es kann sein, dass du in einer Phase deines Lebens Gott auf eine derart unheimliche Weise erfahren hast, dass du dich beim Beten nicht sicher fühlst. Oder deine Gottesvorstellung ist so eng mit einem oder beiden Elternteilen verwoben, dass sie destruktiv ist für dich. Vielleicht fühlst du dich so unwürdig oder stehst so stark unter dem Druck des „man sollte", dass dir das Beten deshalb schwerfällt. Es könnte auch sein, dass dir in der Vergangenheit so starre Vorgaben für dein Beten gemacht worden sind, dass dir nun jegliche Art von Struktur zutiefst zuwider ist. Du weißt ja: wir sprechen hier von Verletzungen und nicht von Sünde. Und selbst wenn du mitschuldig an deinem Problem sein solltest, geh mit dir selber bitte genauso milde und behutsam um, wie du es mit einer anderen Person tun würdest.

Wenn du zu diesem zuletzt beschriebenen Personenkreis gehörst, schlage ich dir in jedem Fall vor, den Versuch zu machen, dich für ein Buch zu entscheiden, das du *gerne* liest – ich selbst mag Krimis – oder für Musik, die du *gerne* hörst, aber durchaus auch für Kreuzworträtsel oder eine Handarbeit, die dir Spaß macht. Setz dich damit hin und sag Gott, dass du jetzt die Zeit in Gottes Gegenwart verbringen möchtest, die du dir als Gebetszeit reserviert hast. Mach es dir möglichst gemütlich und tu das, wozu du dich entschieden hast im Bewusstsein, dass es in Gottes Gegenwart geschieht.

Anschließend verabschiedest du dich von Gott, stehst auf und widmest dich wieder deiner Arbeit.

Ist das Gebet? Ist die Zeit, die du lesend oder musikhörend mit deinen Lieben verbringst, wirklich gemeinsame Zeit? Natürlich ist sie es. Genauso wenig wie Freundschaft und Ehe nur aus Gesprächen bestehen, ist Beten nur Reden mit Gott. Beten bedeutet, den Alltag mit Gott zu teilen und zu diesem Alltag gehören auch Schweigen und Ablenkung, Schmerzen und Freuden. Wenn es dir gelingt, in Gottes Gegenwart das zu tun, was dir Spaß macht, wirst du nach einer Weile spüren, wie ein wenig Vertrauen zu Gott wächst. Du wirst dann auch merken, wann die Zeit für andere Formen des Gebets reif ist, und Gottes Hilfe dabei erfahren.

Nachdem ich davon gesprochen habe, wie wichtig es ist, dass das Gebet ganz selbstverständlich zu unserem Alltag gehört und dass es dabei darum geht, wenigstens „aufzukreuzen", fällt es mir leichter, auf deine Frage danach einzugehen, wie denn deine Gebetsarbeit aussehen könnte, wenn du an schwierige Probleme herangehen willst, die dich belasten und die deine Fähigkeit, zu lieben und dich geliebt zu wissen, beeinträchtigen.

Solltest du dich dafür entscheiden, nach meinen Anregungen vorzugehen, will ich dich noch einmal dringend darum bitten, dir immer wieder klar zu machen, dass ich hier keine starre Methode beschreibe und keine feste Abfolge von Schritten aufliste. Bei dieser Art zu beten gibt es kein richtig oder falsch. Ich kann dir lediglich von meinen persönlichen Erfahrungen berichten. Bitte übernimm daraus nur, was dir hilfreich für dich erscheint, verändere es deinen Bedürfnissen entsprechend und kümmere dich nicht um den Rest.

Meiner Meinung nach ist es erst dann sinnvoll, mit der Arbeit zu beginnen, wenn ein Problem, mit dem du schon lange kämpfst (z. B. so etwas wie Perfektionismus oder Zukunftsängste) dich derart bedrängt, dass du ihm nicht mehr ausweichen kannst. Zwei Argumente sprechen dafür zu warten, bis es spürbar weh tut. Einerseits wirst du intensiveren Zugang zu deinem Schmerz haben als sonst und damit wird es dir leichter gelingen, zu den Ursachen deines Schmerzes vorzudringen. Gleichzeitig stehst du weniger in der Gefahr aufzugeben und dir einzubilden, der Schmerz sei dadurch vermeidbar, dass du der direkten Auseinandersetzung mit dem Problem ausweichst.

Wenn du so weit bist, dass du mit der Arbeit beginnen möchtest, versuchst du als erstes, möglichst genau einzugrenzen, was dich beschäftigt, um es im Gebet direkt angehen zu können. Wenn es um die Empfindung geht „Ich mache immer alles falsch“, kann das natürlich recht schwierig sein. Immerhin fällst du damit ein Urteil darüber, wie dir dein gesamtes Leben erscheint! Trotzdem besteht ein äußerst wichtiger Teil der Arbeit darin, das Gefühl einzugrenzen. Mit großer Wahrscheinlichkeit gehörst du in Wirklichkeit zu denen, die das, was sie tun, eigentlich immer gut machen. Wenn du etwas verändern willst, musst du dir sehr genau bewusst werden, in welchen Situationen du den Eindruck hast, alles falsch zu machen, und wo das nicht der Fall ist. Am besten bittest du Gott im Gebet darum, Klarheit darüber zu gewinnen.

Nimm einmal an, du entdeckst, dass es dir vor allem dann so geht, wenn du mit mehreren Leuten zusammen bist. In einem nächsten Schritt versuchst du dir zu vergegenwärtigen, wann du dich als Kind zum allerersten Mal so gefühlt hast. Ich formuliere bewusst so und nicht: Ruf dir die erste analoge Situation in deiner Kindheit in Erinnerung und denk darüber nach. Das ist ein wichtiger Unterschied. Es wird in der Regel nicht funktionieren, wenn du gleich auf der intellektuellen Ebene anfängst. Du musst als erstes nach deinen Gefühlen greifen.

Sagen wir mal, du hast gerade versucht, mit einigen Gemeindeleuten über ein wichtiges Anliegen zu sprechen und bist nun demoralisiert. Es könnte dir hilfreich erscheinen, dich direkt in eine Situation aus deiner Kindheit zurückzuversetzen, in der etwas ähnliches passierte. Ich persönlich habe allerdings häufig die Erfahrung gemacht, dass dabei zwei Probleme auftreten.

Erstens: Selbst wenn sich die gedankliche Verbindung, die ich zwischen den beiden Ereignissen hergestellt habe, später als richtig erweist, wird die Erinnerung durch diesen intellektuellen Ansatz in der Regel nicht so greifbar, dass ich die Situation nochmals durchleben und dadurch bearbeiten kann. Nur der Zugang über die Erinnerung an ein vergleichbares *Gefühl* eröffnet mir diese Möglichkeit.

Zweitens: Wenn ich an meinen Schmerz auch im Gebet gar nicht richtig herankomme, liegt es meistens daran, dass ich den Ursprung meiner Verletzung nicht richtig analysiert habe. Mit anderen Worten bringe ich die falschen Dinge miteinander in Verbindung und suche dann nach der Bedeutung dieser nicht ganz korrekten Bezüge. Da die Voraussetzungen nicht stimmen, ist das natürlich zum Scheitern verurteilt. Anders ausgedrückt: Ich bin oft blind für die tatsächlichen Entsprechungen zwischen meinem Leben als erwachsene Frau und meiner Kindheit, solange ich mir nicht im Klaren darüber bin, um welche Gefühle es heute wie damals eigentlich geht.

Weil es mir so wichtig ist, dass du das verstehst, will ich dir an einem Beispiel etwas ausführlicher verdeutlichen, was ich meine. Als ich mich vor ein paar Jahren, kurz vor Beginn der Passionszeit, von meiner Mutter verletzt fühlte und sie dafür ziemlich unsanft angefahren hatte, entschloss ich mich dazu, endlich etwas gegen meine Überempfindlichkeit zu unternehmen, die mich selbst belastete, aber auch die Menschen, die ich liebte. Ich hielt es für ein relativ einfaches Projekt meiner Gebetsarbeit, weil ich davon ausging, dass sich der Bezug zwischen meiner Empfindlichkeit im Erwachsenenleben und der ständigen Kritik meiner Eltern, der ich als Kind ausgesetzt war, sehr leicht herstellen ließe. Aber nachdem ich mich im Gebet mehrere Tage lang ergebnislos damit auseinandergesetzt hatte, musste ich mir eingestehen, dass der Ansatz falsch war.

Ich wusste, dass mir nichts anderes übrig blieb, als noch einmal anzufangen und sorgfältiger zu ergründen, welche Gefühle die Situation, in der ich mich von meiner Mutter kritisiert glaubte, tatsächlich in mir ausgelöst hatte und mir dann in einem zweiten Schritt zu vergegenwärtigen, zu welchem Zeitpunkt meines Lebens ich genauso empfunden hatte. Nach einigem Grübeln stieß ich zu meiner Überraschung nicht auf ein Erlebnis zu Hause, sondern auf eine Begebenheit während der Grundschule, in der ich von einigen Jungs aus meiner Klasse grausam gequält worden war. Endlich hatte ich die emotionale Verbindung gefunden. Nun war der Weg frei zur intellektuellen Auseinandersetzung damit und gleichzeitig konnte Gott damit beginnen, mich dort zu berühren und zu heilen, wo ich wirklich verletzt war.

Lass uns zur Frage zurückkehren, wie denn der gesamte Prozess der Wiedererlangung von Erinnerungen im Gebet aussieht. Nehmen wir an, dass es dir mit einiger Mühe gelungen ist, eine einzelne Erinnerung an ein bestimmtes Gefühl zu finden. Wahrscheinlich hast du nur das Gefühl selbst, vielleicht noch ein oder zwei verschwommene Details zusätzlich. Dies ist der Punkt, an dem du versuchen musst, auch den Rest der Erinnerung aus dem Unterbewusstsein wieder ins Bewusstsein zu heben. Mir hilft normalerweise die Bemühung, zunächst weitere äußerliche Einzelheiten abzurufen: Wie roch es in dem Raum? Wie war die Beleuchtung? Aus welchem Material bestanden die Oberflächen in meiner Reichweite? Was hatte ich an? War ich müde? Wer war noch dort außer mir? Wo saß, stand oder lag ich? Welchen Platz nahm ich im Verhältnis zu den anderen Personen und Gegenständen, an die ich mich erinnere, ein? usw.

Es geht dabei nicht darum, sich an jedes Detail möglichst fotografisch genau zu erinnern. Aber du musst so weit in deine Erinnerung zurückfinden, dass du dich darin bewegen und sie aus der doppelten Perspektive des Kindes, das du einmal warst, und der erwachsenen Person, die du jetzt bist, erleben kannst. Du nimmst dann einen festen Platz in der schmerzhaften Vergangenheit ein und versuchst zu begreifen, was sich nach Meinung des Kindes, das du warst, ereignet hat und welche Schlussfolgerungen das Kind daraus zog, über die Welt, über sich, über Gott und über das, was gut oder schlecht, sicher oder gefährlich im Leben war.

Wenn du merkst, dass keine Einzelheiten aus der Erinnerung

abrufbar sind, gibt es verschiedene Möglichkeiten, die dich weiterführen können. Ich persönlich schließe dann die Augen und bitte Gott darum, mir eine andere Erinnerung zu schicken. Was dann kommt, ist sehr unterschiedlich. Manchmal fällt mir etwas ein, was ich zwar nie wirklich vergessen habe, in diesem Zusammenhang aber bisher nicht im Blick hatte. Ein anderes Mal ist die Erinnerung vollkommen neu und dabei so scharf und klar wie die Bilder in einem Traum. Genauso gut kann sie erneut sehr verschwommen sein, ein kleines Detail, an dem ich geduldig sitzen muss, um mir den Rest zu erarbeiten.

Manchmal bleiben die Erinnerungen, solange ich wach bin, ganz aus und ich träume dafür in den folgenden Nächten von dem, was ich mir ins Gedächtnis zu rufen versuchte. Habe ich schon erwähnt, wie wichtig mir Träume für unser Gebet zu sein scheinen? Ich glaube, dass die meisten von uns lernen müssen, ihnen mehr Beachtung zu schenken als es oft geschieht. Paulus sagt, dass der Heilige Geist unsere Tiefen erforscht[13], und ich glaube das. Ein Traum kann ein unschätzbares Geschenk sein. Gott holt dabei etwas aus unserer Tiefe hoch, zu dem wir sonst keinen Zugang hätten.

In Situationen, in denen ich nicht mehr wusste, was ich eigentlich fühlte oder dachte, habe ich es erstaunlich oft erlebt, dass Träume mir den entscheidenden Hinweis lieferten. Ich denke beispielsweise an den Traum, in dem mein Ehemann Richard im grüngefliesten Badezimmer von Großtante Blacky ermordet wurde.[14] Dieser Traum war eine Antwort auf meine Bitte, Gott möge mir den Sinn des Kreuzesgeschehens erschließen. Was ich erhielt war entsetzlich und blutig, aber es machte mir sehr deutlich, wie ich in meinem Innersten das Kreuz bisher verstanden hatte. Natürlich sind nicht alle Träume so schmerzhaft wie dieser. Im Gegenteil, oft führen sie mich gerade heraus aus den steinigen Erfahrungen meiner Vergangenheit, hinein in eine lebendige und lebensspendende Zukunft. Als

---

[13] Vgl. Römer 8,26 f. Anm. d. Übers.

[14] Vgl. R. Bondi, Gott ist größer als mein Herz, Viertes Kapitel. Dort werden der Traum und seine Folgen beschrieben.

ich frisch in Richard verliebt war, hatte ich einige wundervolle Träume.

Aber kehren wir wieder zurück und gehen davon aus, dass du – wie auch immer – durch die Erinnerung an ein Gefühl Zugang zu einem Ereignis in der Kindheit gefunden hast und es dir so weit vergegenwärtigen konntest, dass das weitere Durchdenken sich lohnt. Dann ist der Zeitpunkt gekommen, an dem die Erinnerungsarbeit und der Heilungsprozess einsetzen können.

Als erstes wirst du dich fragen müssen, wie du die Situation damals *als Kind* erlebt hast und welche inhaltliche Füllung diese prägende Erinnerung folglich erfahren hat. Nehmen wir beispielsweise an, dass es um eine Phase in deinem Leben geht, in der sich deine Eltern kaum um dich kümmerten und ihre fehlende Aufmerksamkeit in dir ein Gefühl der Verlorenheit, Verwirrung und Schmach auslöste. Wie hast du als Kind ihr Verhalten interpretiert? Vielleicht erinnerst du dich daran, dass du gedacht hast, sie wollten dich nicht mehr haben oder hätten aus irgendeinem dir unverständlichen Grund aufgehört, dich zu lieben. Vielleicht kamst du damals zum Ergebnis, du selbst hättest durch Ungehorsam oder Versagen ihr Verhalten verursacht.

Nachdem du möglichst genau herausgefunden hast, worin du damals als Kind die Ursache für das Geschehene gesehen hast, kehrst du zurück in die Gegenwart und überprüfst, ob du die kindliche Einschätzung unbewusst auch als Erwachsene weiterhin teilst. Bist du etwa nach wie vor zutiefst davon überzeugt, dass sich deine Eltern dir damals entzogen haben, weil du böse warst? Oder glaubst du, dass sie dich seither nicht mehr lieben? Welche Folgen in der Gegenwart rühren aus den alten Erklärungsmustern? Nach meiner Erfahrung kann das, was du entdeckst, durchaus ein Licht darauf werfen, warum du dich nicht überwinden kannst, Dinge zu tun, die den Erwartungen deiner Eltern widersprechen. So seltsam es sich anhört: du hast wahnsinnige Angst, sie könnten dich wieder so im Stich lassen wie damals.

Du bist deinen alten Annahmen und ihren Auswirkungen auf die Gegenwart also so gut wie möglich auf den Grund gegangen. Nun kannst du – um mit Vater Poemen zu sprechen – damit anfangen „zu etwas Besserem weiterzugehen“. Stell dir zunächst aufrichtig die Frage, ob die kindlichen Erklärungen dessen, was geschehen ist, wirklich richtig waren. Weißt du als Erwachsene etwas, was das Kind entweder nicht wusste oder zwar wusste, aber als Kind nicht so einschätzen konnte, wie das eine erwachsene Person täte? Weißt du um Spannungen zwischen deinen Eltern, die der Grund dafür sein könnten, dass du zu kurz kamst? War ein Elternteil arbeitslos? Wurde damals gerade ein Geschwisterkind geboren? Gab es Stress durch ein Schwiegerelternteil, das bei euch lebte? Seid ihr umgezogen? Hast du Grund zur Annahme, dass deine Eltern dir damals nicht die Wahrheit sagten über das, was vorging? Hast du ihnen geglaubt und kannst ihnen deshalb bis heute nicht mehr richtig vertrauen? Vielleicht haben sie dich für etwas verantwortlich gemacht, von dem du heute weißt, dass es nicht dein Fehler war. Ich habe eine gute Freundin, die von ihrer Mutter zu hören bekam, der Vater werde das Trinken nur aufgeben, wenn sie ein braves Mädchen sei. Er hörte tatsächlich auf, aber die Furcht vor den Konsequenzen des „Böseseins“ hat sie seither ihr Leben lang verfolgt.

Wenn du dir einigermaßen klar darüber geworden bist, was du genauer anschauen willst, überlegst du, wo sich deine kindliche Interpretation des Ereignisses mit deinen theologischen Ansichten als Kind – und als Erwachsene – getroffen und diese weiter geformt hat. Das sind entscheidende Fragestellungen. Kinder übertragen, was sie über ihre Eltern wissen, auf Gott. Welche Schlüsse hast du aus deinen Kindheitserfahrungen gezogen? Wer war Gott demnach für dich und welche Erwartungen stellte Gott an dich? Bist du, da deine Eltern mit Liebesentzug reagierten, wenn du „böse“ warst, davon ausgegangen, auch Gott tue das, wenn du dich nicht in acht nimmst? Und wenn ja, wie stelltest und stellst du dir diesen Liebesentzug dann vor? Ist es die Erwartung, nicht mehr in der Lage zu sein, finanziell oder emotional für dich sorgen zu können? Fühltest oder fühlst du ein Damoklesschwert über dir schweben, das nur darauf wartet, herunterzusausen, wenn du nicht aufpasst? Findest du dich einfach absolut nicht liebenswert? Hast du Gesetze aufgestellt, nach denen für dich die Welt funktioniert und an die du dich unbedingt halten musst, wenn du nicht im Stich gelassen werden willst?

Und nun stell dir selbst die Frage, inwiefern das, was du dir als Kind zurechtgelegt hast, zu dem passte und das verstärkte, was du in der Kirche, zu Hause, aus biblischen Geschichten oder von anderen Kindern über Gott erfahren hast. Ich kann mich noch sehr gut an den Moment im Gebet erinnern, in dem mir klar wurde, dass ich als Kind mehreres in einen Topf geworfen hatte: mein Bedürfnis, mich nach der Scheidung meiner Eltern mit meiner Mutter in ihrem Leiden zu solidarisieren, meine gesellschaftlich geprägten Erwartungen bezüglich Frauen und Leiden und all das, was ich darüber gehört hatte, wie gut Jesus war, der an unserer Statt gestorben ist. Unbewusst verband ich diese Dinge miteinander und fand mich gleichzeitig damit ab, dass es mir verwehrt bleiben würde, jemals glücklich zu sein. Um angenommen zu werden, verlangte Gott von mir lebenslanges Leiden, in einem Wort ausgedrückt Depression. Und wie steht es mit dir? Wenn du den Finger auf spezielle christliche Lehrinhalte, biblische Geschichten oder Bibelverse legen kannst, die sich mit deinem Leben verbunden und dir in ähnlicher Weise eine Erklärung für alles geliefert haben, bist du auf dem Weg der Heilung schon ein gutes Stück vorangekommen.

Ich bin Gott dankbar für die Erfahrung, dass manchmal – wirklich nur manchmal – eine solche Erkenntnis und die Heilung zusammenfallen. Dabei passiert normalerweise nichts Spektakuläres. Ich entdecke einfach, was ich wirklich im Grunde meines Herzens geglaubt habe, und merke gleichzeitig: „Vom Verstand her weiß ich es ja schon längst besser. Jetzt ist auch mein Herz so weit."

Gelegentlich, besonders in Situationen, in denen ich die Hoffnung, jemals das andere Ende des Tunnels zu erreichen, schon fast aufgegeben habe, vollzieht sich die heilvolle Erkenntnis sehr viel dramatischer, wie eine alles durchflutende Offenbarung Gottes. So war es etwa in dem Fall, den ich dir gerade geschildert habe. Ich sah plötzlich, wie ich meine Erfahrungen und meine Theologie rund um das Thema Frauen und Leiden miteinander verknüpft hatte, und mir wurde gleichzeitig klar, dass das, was ich bisher glaubte, falsch war. So rückte eine neue „alte" Wahrheit an Stelle dessen, was ich von Kindheit an für richtig gehalten hatte. „Die Auferstehungsfreude erneuert die ganze Welt" – als diese Worte aus einer Osterliturgie in meinem Kopf klangen, durchströmte mich die Gnade Gottes. Es war, als ob mein Kopf plötzlich neu verkabelt wäre. Ich hatte wirklich verstanden, dass Jesu Werk sich nicht in Kreuz und Leiden erschöpft, sondern dass Auferstehung und Freude das Hauptziel sind, und damit ging eine lebenslange Depression zu Ende.[15]

Bis heute erfüllt mich das unvermittelte Ende meiner lebenslangen Depression nach so vielen Jahren Arbeit daran mit Staunen und Dankbarkeit. Ich will dir aber nicht zu viel versprechen. Das ist nicht der Normalfall. In der Regel nimmt der Prozess, zunächst den Punkt zu finden, an dem sich Erfahrung und Theologie überschnitten haben, und dann auch noch fähig zu werden, die alte, falsche Theologie durch eine neue, wahre zu ersetzen, sehr viel Zeit in Anspruch.

Tatsächlich sind wir hier, wo es darum geht, einen Weg zu suchen, wie eine neue theologische Überzeugung das Herz erreichen und anstelle der alten erfüllen kann, beim bisher schwierigsten Schritt des Gebets angelangt, der die größte Geduld und Hartnäckigkeit erfordert. Wo finden wir Hilfe? Wie kannst du, liebe Freundin, aktiv danach Ausschau halten? Als erstes bietet sich die Heilige Schrift an und das ist eigentlich eines der stärksten Argumente dafür, jeden Tag ein wenig darin zu lesen. Wenn du für ein bestimmtes Problem von der Art, wie wir sie besprochen haben, eine Lösung suchst, und es bereits zu deiner täglichen Gebetszeit gehört, einen Psalm zu beten oder einen kurzen Abschnitt aus den Evangelien zu lesen, wirst du mit großer Wahrscheinlichkeit früher oder später die heilenden Worte, die du brauchst, aus der Bibel selbst vernehmen. Dann kannst du an die Arbeit gehen und dich damit beschäftigen.

---

[15] Vgl. R. Bondi, Gott ist größer als mein Herz, Fünftes Kapitel. Dort wird der gesamte Prozess ausführlicher geschildert.

Ich erinnere mich an eine Zeit, in der ich intensiv gegen das Gefühl kämpfte, ausgeschlossen zu sein, weil mir die christliche Tradition immer nur männlich entgegentrat. Die erdrückend männliche Sprache der Psalmen wühlte mich derart auf, dass ich schließlich richtiggehende Wut auf Gott verspürte. Ich litt wochenlang darunter, bis meine Aufmerksamkeit auf Psalmstellen gelenkt wurde, die deutlich davon sprechen, dass es Gott – welchen Standpunkt die Kirche in der Geschichte auch immer eingenommen haben mag oder noch einnimmt – nicht um die Erhaltung des Status quo geht und dass Gott nicht auf der Seite der Macht steht, sondern auf der Seite derer, die sich, so wie ich, davon ausgeschlossen fühlen. Mir ging es fast augenblicklich besser, aber die Arbeit mit der Bibel war noch nicht abgeschlossen. Meine Aufgabe, und auch die deine, wenn es so weit ist, bestand darin, mir zunächst klar zu werden, wie ich Jesu Meinung zu diesem Thema bisher gesehen hatte und in einem zweiten Schritt in den Evangelien nachzusehen, was er tatsächlich dazu gesagt hat. Glaub mir, beim Nachlesen fand ich viele Aussagen Jesu über den Status quo und sie waren fast alle negativ.

Es kommt allerdings vor, dass mir die Bibel nicht weiterhilft oder nicht alles abdeckt, was ich brauche. Dann suche ich das Gespräch mit Texten und Gelehrten, die für mich in der Vergangenheit besonders aufschlussreich und befreiend waren. In meinem Fall sind das in der Regel die *Weisungen der Väter* aus dem frühen Mönchtum und die Schriften von Dorotheos von Gaza. Du hast in den vergangenen Jahren immer wieder erwähnt, dass dich Juliane von Norwich[16] in besonderer Weise angesprochen hat. Wenn es dir also so ergeht wie mir manchmal, dann solltest du dich darauf besinnen und ihre Texte auf dem Hintergrund deiner Fragestellung noch einmal neu lesen.

Wenn hier von Gespräch die Rede ist, dann vergiss nie, dass du aus einer Tradition schöpfst, die nicht auf die Vergangenheit, auf irgendwelche leblosen Texte, begrenzt ist. Sprich auf jeden Fall mit

---

[16] In R. Bondi, Gott ist größer als mein Herz, S. 83, wurde diese englische Mystikerin des 14. Jahrhunderts in der deutschen Übersetzung versehentlich als Julian von Norwich bezeichnet. Anm. d. Übers.

Personen aus deinem Freundeskreis, mit deinem Ehepartner, mit Leuten, die dich unterrichtet haben oder mit einem Therapeuten oder einer Therapeutin deines Vertrauens über das, was dich umtreibt. Ich bin sicher, dass sie in vielen Fällen hilfreiche Mittelspersonen des Evangeliums für dich sein werden. Wenn sie dich gut kennen, werden sie dir ihre Beobachtungen und Einschätzungen mitteilen und du wirst dadurch manche neue Seiten an dir kennenlernen, entdecken, wer du bisher warst, aber auch wie es weitergehen kann. Es ist allerdings nicht so, dass dir nur die Leute eine Hilfe dabei sein können, die alle Antworten parat haben oder deine Situation wenigstens verstehen können. Vielleicht stößt du gerade dadurch, dass sie das Gegenteil von dem sagen, was du brauchst, auf die Lösung deines Problems. Es lässt sich nie vorhersagen, durch wen uns das gnädige und befreiende Wort Gottes so trifft, dass wir es wirklich hören können. Aber es ist etwas dran an dem, was die alten Gelehrten „Konsultation“ der Schwestern und Brüder nannten. Sie kann uns Augen und Herzen öffnen.

All das, was wir bisher miteinander bedacht haben, fällt in die Kategorie der aktiven, gedanklichen Bemühung. Es ist aber gleichzeitig noch ein anderes Bemühen nötig, das nicht direkt aktiv ist, sich aber eigentlich auch nicht als passiv bezeichnen lässt: Ich verpflichte mich selbst dazu, in der Erwartung zu leben, dass alles, was zu Gott gehört und von der Ehre Gottes erfüllt ist, mir das offenbaren kann, was ich brauche – seien das vertraute liturgische Gebete, ein Traum, ein Hund aus der Nachbarschaft, ein Zeitungsartikel, eine kurze Unterhaltung mit einer fremden Person im Supermarkt. Mir ist es zum Beispiel passiert, dass ich das Vaterunser regelmäßig gebetet habe, ohne mich besonders darauf zu konzentrieren. Gerade das gab diesen vertrauten Worten offenbar die Chance, mir ganz neu lebendig zu werden und das anzurühren, was ich brauchte. Auch mit *Weisungen der Väter* habe ich das mehrfach erlebt.

Nehmen wir nun also an, dass du die Dinge schließlich anders sehen kannst. Damit bist du fast, aber noch nicht ganz am Ende deiner Gebetsarbeit angekommen. Es bleibt, dir noch einmal zu vergegenwärtigen, was du herausgefunden hast und die neuen Erkenntnisse in deine Lebensgeschichte einzubauen. Damit der Konzentrationspunkt klar ist, empfiehlt es sich, dabei durch die Brille von Verlust, Auferstehung oder Vertrauen zu schauen, einfach des Themas, mit dem du dich auseinandergesetzt hast. Such dir wenn möglich eine Person, der du deine Geschichte erzählen kannst. Vielleicht hältst du sie auch schriftlich fest, um später darauf zurückgreifen zu können.

Dir wird auffallen, dass ich eigentlich keinen Unterschied mache, ob die Brille, durch die du deine Geschichte erzählst, eine persönliche Sache ist, wie etwa deine Verlustangst oder eine theologische, wie Kreuz und Auferstehung. Wenn du in deinem Gebet den ganzen Prozess, den wir besprochen haben, durchschritten hast, werden Theologie und Erfahrung zusammentreffen. Beachte auch, dass ich dir nicht vorschlage, den Versuch zu unternehmen, deine gesamte Lebensgeschichte zu erzählen. Es wird noch genug Einzelheiten geben, die nicht zu dem passen, was du jetzt angeschaut hast und es würde dich nur von deiner eigentlichen Aufgabe ablenken. Deshalb empfehle ich, nur aus der einen Perspektive zu erzählen, die du jetzt betrachtet hast. Glaube mir, sobald du in deine Geschichte alle wichtigen Ereignisse, Gedanken, Muster und theologischen Überzeugungen deines Lebens einbeziehst, die zu diesem Thema gehören, wirst du so viel Material haben, das du erst einmal völlig ausgelastet bist.

Hier kommt noch eine sanfte Warnung. Eine derartige Geschichte zusammenzustellen ist genauso hart wie jeder andere Teil der Arbeit, die du in deinem Gebet verrichtet haben wirst, und ich weiß, dass du, wenn du einmal so weit gekommen bist, in die Versuchung geraten kannst, diesen letzten Schritt des „Geschichtenerzählens“ zu überspringen. Ich verspreche dir, meine Freundin, wenn du widerstehst, wirst du später froh sein darum. Jedes Mal wenn ich es selber tat, habe ich noch einmal sehr viel Neues darüber erfahren, wie die Dinge, die ich bearbeitet habe, mein Leben tatsächlich prägten und ihre Auswirkungen in allen möglichen Lebensbereichen hatten, die mir bisher gar nicht aufgefallen waren. Und fast noch wichtiger dabei ist, dass ich jedes Mal im vergangenen und gegenwärtigen Schmerz die Wege und Orte entdeckt habe, wo „die Gnade mich bewahrt hat"[17] und dies erfüllte mich immer wieder über und über mit Staunen und Dankbarkeit für das Geschenk meines Lebens.

Ich möchte noch eine Sache sagen, bevor ich schließe, und zwar, dass ich um deine Sorge weiß, Gebet könnte „zu subjektiv" sein, zu sehr das Resultat unserer eigenen geistigen Prozesse, die wir Gott zuschreiben. Du weißt, meine Freundin, dass es keine Form des Gebets gibt, in der man sich darüber nicht Gedanken machen könnte. Du wirst einfach die Wahrhaftigkeit deiner Erfahrung auf der Basis dessen, was im Evangelium versprochen wird, beurteilen müssen. Wenn du fähig bist, in einer weiter gewordenen Welt des Vertrauens zu leben, wenn du der Gewissheit einen Schritt näher gekommen bist, dass Gott dich nie im Stich lassen wird, wenn du mutiger geworden bist, wenn deine Erfahrung zu dem passt, was du aus der Bibel weißt, wenn deine Bereitschaft gewachsen ist, zu lieben und geliebt zu werden, wenn du weniger Angst hast vor dem Leben, wenn du dich selbst als stärker in der Realität und weniger in der Phantasie oder in Prinzipien verhaftet erlebst, wenn du darauf brennst, im Gebet weiterzuarbeiten und wenn du dich neu nach Gott sehnst, dann, ja dann hast du wahrscheinlich den einzigen Beweis für Wahrhaftigkeit, den du erwarten kannst.

Meine liebe Freundin, das ist alles, was ich dir im Moment darüber sagen kann, wie eine heilsame Gebetspraxis aussieht. Ich hoffe, dass du das findest, was du gesucht hast, und gehe davon aus, dass du ansonsten wieder nachhaken wirst.

In tiefer Verbundenheit

Roberta

---

[17] Zitat aus einer Strophe von Amazing grace: „Grace has brought me safe thus far". Anm. d. Übers.

Drittes Kapitel

Eine silberne Flöte und ein stahlblauer Kummer

Meine liebe Freundin,

ich habe mich sehr über deinen Brief von letzter Woche gefreut. Es tut mir Leid, dass du mit all den alten hartnäckigen Problemen aus deiner Kindheit so sehr zu kämpfen hast. Ich weiß, es hilft wenig, sich klarzumachen, dass fast alle von uns Dinge aus der Kindheit mit sich herumschleppen, die uns auch als Erwachsene nicht loslassen und weiter weh tun.

In einem meiner vorigen Briefe erwähnte ich, dass wir immer wieder auf Leute träfen, die meinten, es genüge, Gott unseren Schmerz zu überlassen, um Frieden zu finden. Es mag Menschen geben, bei denen das tatsächlich funktioniert, aber ich glaube, für die wenigsten ist es so simpel und einfach. Ich selbst musste mir irgendwann eingestehen, dass es zwar theoretisch wunderbar hilfreich wäre, den ganzen Kindheitskram einfach „Gott zu überlassen", dass ich aber keine Ahnung habe, wie das praktisch gehen sollte. Meine Erfahrung in Verbindung mit meinen Gelehrten aus dem frühen Mönchtum sagt mir, dass der Heilungsprozess in der Regel eine recht langwierige und schmerzhafte Angelegenheit ist. Im Übrigen vollzieht er sich auch nicht annähernd so passiv, wie es die Ausdrucksweise „überlassen" glauben machen möchte.

Du hast geschrieben, dass du dir von meinem nächsten Brief eine konkrete Beschreibung dessen erhofftest, woran ich im Gebet gearbeitet hätte. Du möchtest wissen, was ich genau getan habe und inwiefern die Erfahrungen, die ich dabei gemacht habe, auch für dich hilfreich sein könnten. Ich komme deiner Bitte gerne nach. Obwohl ich weiß, dass unsere Art zu beten sehr unterschiedlich ist – wir sind uns ja, wie könnte es anders sein, auch in vielen anderen Dingen unähnlich – hoffe ich von ganzem Herzen, dass du in meinem Bericht manches von Gott entdecken wirst, das dir hilft. Ich habe im letzten Brief den wunderbaren Wüstenvater Poemen zitiert, der gesagt hat, „... nicht zu verstehen, was geschehen ist, hält uns davon ab, zu etwas Besserem weiterzugehen." Ich habe festgestellt, dass er meistens Recht hat und bitte dich deshalb darum, etwas Geduld mit mir zu haben, wenn ich dir zunächst von Dingen erzähle, die bereits vier Jahre zurückliegen.

Das Jahr, in dem ich meine zweite Querflöte erstand, war ein schwieriges Jahr. Am Gründonnerstag starb mein Vater und im September wäre auch meine Mutter an den Folgen einer notfallmäßigen Bypassoperation beinahe gestorben. Wahrscheinlich werde ich nie herausfinden, was genau damals meinen Entschluss ausgelöst hat, loszugehen und ein Instrument zu kaufen. Es hing damit zusammen, dass ich in jenem November fünfzig wurde, aber das allein war es nicht.

Meine erste Flöte hatte ich unmittelbar nach der Scheidung meiner Eltern bekommen, als meine Mutter, meine zwei kleinen Brüder und ich auf die Farm meiner Großeltern in Kentucky gezogen waren. Ich war fast zwölf. Schon lange hatte ich den Wunsch gehegt, ein Instrument zu spielen, eine Möglichkeit zu haben, Musik zu machen, aber mein Vater verbot es. Er machte mir klar, dass sich für mich im Gegensatz zu anderen Kindern der finanzielle Aufwand aus der Familienkasse nicht lohnte. Ich war in seinen Augen zu faul, zu stur, um das, was ich machte, richtig zu machen und fing zu oft Dinge an, ohne sie zu Ende zu bringen. Deswegen wäre mir nicht zuzutrauen, dass ich genügend üben würde. Sein eindeutig formuliertes Urteil beschämte mich zutiefst und machte mich traurig.

Ich war traurig und dass ich traurig war, bekümmerte meine Mutter. Das ist der Grund, warum sie nach der Scheidung trotz ihrer katastrophalen finanziellen Lage fast als erstes eine Flöte kaufte und Musikunterricht für mich arrangierte. Ich erinnere mich noch an die Freude, die mich beim Anblick jener Flöte erfüllte, an das Glitzern des Silbers im Kasten und an das Gewicht des langen Körpers, als ich sie in meinen Händen wog. Ich erinnere mich auch an das Verlangen, es möge mir gelingen, anders mit meiner Flöte umzugehen, als mein Vater es vorhergesagt hatte.

Aber es gelang mir natürlich nicht. Teilweise lag es daran, dass ich schon als Kind sehr stark mit Depressionen zu kämpfen hatte (was sich damals niemand vorstellen konnte). Dadurch fehlten mir Selbstdisziplin und Ausdauer, weil ich oft einfach zu müde war. Ein anderer Grund war die fürchterliche Panik, die mich jedes Mal befiel, wenn ich etwas nicht verstand oder eine Stelle nicht auf Anhieb fehlerlos spielen konnte. Diese Panik entsprang der Überzeugung, das von meinem Vater über mich gefällte Urteil sei unumstößlich und es gäbe kein Entrinnen. Ich verdiente es nicht, Flöte zu spielen. Ich war ein lernunfähiges Mädchen und würde deshalb niemals richtig gut spielen können.

Trotzdem hielt ich während der ganzen Highschool-Zeit am Flötenspiel fest, auch wenn es mir weiterhin an Disziplin mangelte und ich ein schlechtes Gewissen hatte. Der Klang, den ich erzeugte, machte mir nicht nur Spaß, sondern erfüllte mich mit einem Gefühl von Glück und tiefer Freude, das mir sonst fremd war. Selten übte ich richtig und entsprechend mittelmäßig beherrschte ich das Instrument, aber ich spielte gern und oft. Besonders gern musizierte ich zusammen mit meiner Freundin Mary Ann, die Bratsche spielte. Ich liebte es, in der Marching Band[18] zu spielen und war ein begeistertes Mitglied des Jugendorchesters von Louisville.

Doch ich schämte mich weiterhin zutiefst dafür, so zu sein wie ich mich sah und litt untröstlich unter dem Verlust meines Vaters, nachdem er uns verlassen hatte. Mit achtzehn heiratete ich, überzeugt davon, die Ehe werde mir irgendwie die Möglichkeit eröffnen, all dem zu entfliehen, was ich an mir selber verabscheute. Meine mangelhaften Spielkünste waren der beste Beweis dafür, dass mein Vater Recht behalten hatte. Obwohl – oder vielleicht gerade weil – mir so viel am Flötenspielen lag, war es an der Zeit, mich dem Urteil meines Vaters zu beugen. Und so verkaufte ich meine Flöte.

In den folgenden Jahren passierte sehr viel in meinem Leben –

[18] Schulkapelle, die bei Football-Spielen oder Paraden auftritt und dabei marschiert. Anm. d. Übers.

College, Seminar, Dissertation, Kinder, Lehrtätigkeit, Scheidung und Wiederheirat – ohne dass ich selbst musiziert oder groß Musik gehört hätte, denn dabei wurde ich mit großer Regelmäßigkeit von einer Traurigkeit gepackt, die mir damals unerklärlich war. Welches Ereignis konnte mich 32 Jahre später dazu bringen, mir eine neue Flöte zu kaufen?

Wieder spielte mein Vater eine wichtige Rolle. Es wird kaum überraschen, dass unsere Beziehung, auch als ich erwachsen wurde, sehr problematisch blieb. Ich liebte ihn sehr, aber wir sahen uns selten und wenn wir uns trafen, kam ich mir in seiner Gegenwart immer gehemmt und dumm vor. Als ich um die vierzig war, bekam ich eine Aufgabe, die mich drei- bis viermal jährlich nach New York führte. Dort lebte er. Auf das Drängen meiner geschätzten Tante, seiner Schwester, und der Wüstenväter und Wüstenmütter hin, von denen ich im Gebet so viel gelernt hatte, beschloss ich, ihn zu besuchen.

Der erste Besuch war schmerzhaft, aber gleichzeitig auch überraschend und wunderbar. Er litt jetzt unter einem Lungenemphysem und ich nahm mit Staunen wahr, dass er so freundlich und bescheiden geworden war, wie ich ihn früher nie gekannt hatte. Er freute sich, mich zu sehen. Mir wurde schlagartig klar, dass er sich in den vielen Jahren genau so nach mir gesehnt und mich vermisst hatte wie ich ihn. Von da an besuchte ich ihn jedes Mal, wenn ich in New York war, und wir lernten uns in jener Zeit sehr gut kennen, schätzen und lieben.

Ungefähr ein Jahr vor seinem Tod saßen wir in seinem kleinen Fernsehzimmer und unterhielten uns. Er fragte mich, ob ich eigentlich noch Flöte spiele.

„O nein“, antwortete ich, „ich habe sie mit achtzehn verkauft.“

„Es tut mir Leid, das zu hören“, sagte er. „Meinst du, dass du noch spielen könntest? Ich weiß noch, wie der Klang deines Spiels mir durch und durch ging und mich erschauern ließ, so wunderschön war es.“

„Wunderschön!“ Ich war sprachlos vor Staunen. Die einzige Erinnerung, in der ich meinen Vater mit der Flöte in Verbindung brachte, war jenes beschämende Gespräch, das mein Leben seither so stark beeinflusste. Ich hatte die Flöte doch überhaupt erst bekommen, als meine Eltern schon geschieden waren. Wie konnte er mich jemals spielen gehört haben? Aber entgegen meiner Erinnerung musste er mich gehört haben und konnte sich seinerseits nicht daran erinnern, so darüber geurteilt zu haben, wie es in meinem Bewusstsein war. Er wusste nur noch, dass er es wunderschön fand.

Ich war furchtbar traurig, als er im Jahr darauf starb, und hatte doch gleichzeitig das Gefühl, meine Dankbarkeit für die geheimnisvolle Heilung unserer Beziehung in den kurzen Jahren vor seinem Tod sei stärker als meine Trauer. Ich stand immer noch unter dem Eindruck von Trauer, Dankbarkeit und einer neuen Dimension des Erwachsenseins, als ich einige Monate später, an meinem fünfzigsten Geburtstag, den spontanen Entschluss fasste, mir eine neue Flöte zu kaufen.

Mit dieser neuen Flöte machte ich eine erstaunliche Erfahrung. Das Glücksgefühl, das mich Jahrzehnte vorher beim Spielen auf meiner ursprünglichen Flöte erfüllt hatte, war gar nichts im Vergleich zu dem, was ich jetzt empfand. Schon am ersten Abend merkte ich, wie mir zwar die entsprechende Muskulatur und die Fingerfertigkeit fehlten, wie ich mich aber an die Noten und die Griffe erinnerte und mein Ansatz noch so weit vorhanden war, dass ich richtig spielen konnte.

Im ersten Monat ließ ich die Flöte kaum aus den Augen. Jede Nacht hörte ich im Schlaf ihren Klang und wenn ich sie nicht an den Lippen hatte, dachte ich an sie. In den ersten beiden Jahren kam es mir oft so vor, als ob jedes Mal der Heilige Geist in mir sänge und mich mit Wellen der Freude und des Glücks durchströmte. Es war wie das Gefühl, verrückt und trunken vor Liebe zu sein.

Aber ich sage „in den ersten beiden Jahren kam es mir oft so vor“, weil neben der Freude noch etwas anderes, äußerst Furchterregendes mit meinem Flötenspiel einherging. Einen Monat nach meinem Geburtstag begann ich Unterricht zu nehmen. Als es dabei erneut geschah, dass ich manchmal Anweisungen nicht verstand oder mir etwas trotz aller Übungsversuche nicht gelang, wurde ich wieder das Kind von einst. Ich schwankte zwischen der neuen Freude und der Panik und Scham von früher, die mich so heftig plagten, als hätte es die 32 Jahre, die meine Kindheit von meinem Dasein als Erwachsene trennten, nie gegeben.

Ich kämpfte verbissen gegen mich selbst. Ich versuchte mir klar zu machen, dass ich nicht länger das Kind von früher war, sondern erwachsen, dass ich mein Leben gut und neu gestaltete, mich sowohl im persönlichen als auch im beruflichen Bereich als kompetent empfand.

Ich rief mir in Erinnerung, was mein Vater vor seinem Tod über mein Flötenspiel gesagt hatte. Ich konzentrierte mich auf die Wüstenväter und Wüstenmütter und hörte sie innerlich Tag für Tag sagen, dass es nicht meine Aufgabe sei, mich selbst zu verurteilen und dass ich außerdem mit unrealistischen Erwartungen an mich zu kämpfen hätte, die im absoluten Widerspruch zu den Zielen ständen, die ich mir selbst gesetzt hätte.

„Denk' realistisch", sagten sie immer wieder zu mir. „Das Flötenspielen wieder zu erlernen ist vergleichbar mit dem Erwerb irgendeiner anderen Tugend. Es kann nur gelingen, wenn du damit rechnest, dass du dabei auf ernstzunehmende Schwierigkeiten stößt und nur langsam vorwärts kommst. Wie kannst du etwas anderes erwarten?"

Natürlich stimmte ich ihnen vom Verstand her zu. Aber in meinem Herzen sah es anders aus. „Was ist, wenn ich es nicht schaffe?", flüsterte ich ängstlich zurück. „Was ist, wenn mein Vater Recht hatte? Wenn ich meine Flöte zwar über alles liebe, aber einfach nicht richtig spielen lernen kann?"

„Du schaffst es", meinte ich sie geduldig zu vernehmen, „aber du bist fünfzig. Du lernst nicht mehr so wie eine Fünfzehnjährige. Nimm doch das, was du jetzt hast, als gutes Geschenk Gottes an.

Hast du denn im Lauf der Jahre nicht das Geringste von uns darüber gelernt, was Demut wirklich heißt? Mit diesem Problem kämpfst du meistens dann, wenn du dich weigerst, deine Grenzen zu akzeptieren. Alle haben ihre Grenzen. Du darfst dich nicht entmutigen lassen; du musst dich dazu zwingen, angesichts deiner Scham und Panik nicht aufzugeben, sondern weiterzumachen."

Ich verwandelte ihre Empfehlung in eine geistliche Übung gegen Perfektionismus und Verzweiflung und befolgte ihren Rat zwei Jahre lang jeden Tag. Am Ende dieser zwei Jahre, in denen ich ungefähr eine Stunde täglich übte, ob mutlos oder nicht, stellte ich tatsächlich Fortschritte fest. Meine Überzeugung, dass ich wirklich lernen *konnte*, wenn ich übte und mich anstrengte, war gewaltig gewachsen. Es gab zwar nach wie vor Zeiten, in denen ich der Verzweiflung nahe war, aber sie waren kürzer geworden und lähmten mich nicht mehr so sehr. Ich begann mich darauf einzustellen, dass solche Phasen nie ganz ausbleiben würden und ich einfach mit dem leben musste, was davon bestehen blieb.

Aber gerade zum Zeitpunkt, als ich mir einbildete, es habe genügt, die Zähne zusammenzubeißen, um diesen Berg weitgehend zu überwinden, musste ich mich eines Besseren belehren lassen. Bisher hatte ich nicht realisiert, dass die Dankbarkeit dafür, wieder im Besitz einer Flöte zu sein, die Trauer über ihren ursprünglichen Verlust gemildert hatte, und zwar offenbar genauso, wie meine überbordende Dankbarkeit für die späte neue Beziehung zu meinem Vater den Kummer über seinen Tod in Schranken gehalten hatte.

Eines Morgens wachte ich auf und stellte fest, dass über Nacht, ohne ersichtlichen Grund, die Dankbarkeit für die Wiederkehr der Flöte in mein Leben wie weggeblasen und nur noch Trauer geblieben war. Meine erste Tasse Kaffee war noch nicht leer und mich durchfuhr die Erkenntnis, welch hohen Preis ich gezahlt hatte. 32 Jahre, über drei Jahrzehnte meines Lebens, hatte ich ohne Musik verbracht. In mir brannte das Gefühl, das der große Gelehrte des Mönchtums Evagrius Ponticus als die Passion des Bedauerns bezeichnet: bittere, zerstörerische Sehnsucht nach dem, was hätte sein können[19], und gleichzeitig verachtete ich mich selbst und war wütend, weil ich es offenbar nicht anders gewollt hatte.

Jene ersten Momente, in denen mir das bewusst wurde, waren alles andere als angenehm und ich wurde die Gefühle auch nicht so schnell wieder los. Sie waren nicht immer mit gleicher Intensität da, sondern kamen und gingen wie Malariaschübe, aber meine Wut, meine Trauer und mein Bedauern begleiteten mich zwei weitere Jahre lang. Ich kämpfte mit allen Mitteln innerhalb und außerhalb des Gebets dagegen an, aber trotz aller Unterstützung durch meine Gelehrten aus der alten Zeit, die Wüstenväter und Wüstenmütter, schienen meine Trauer über das Verpasste und meine Wut so hartnäckig zu sein wie ein arktischer Winter und so unverdaulich wie Stahl. Ich fand einfach keine Möglichkeit weiterzukommen.

Erst in diesem Jahr, in der Woche vor Ostern, brach in meinem Gebet etwas auf. Es begann am Gründonnerstag, dem Tag, an dem vier Jahre zuvor mein Vater gestorben war. Während ich an jenem Morgen betete, wurde ich von einer eindrücklichen Vision überrascht. Ich stand in einem winterlichen Wald mitten auf einer Lichtung und betrachtete ein langes, niedriges Gebäude mit Flachdach, das ganz aus dem matten blauen Stahl bestand, aus dem Messer gemacht sind. Wie es in Träumen oder im Gebet so ist, wusste ich irgendwie, dass mein Vater sich in dem Gebäude befand. Ich versuchte verzweifelt zu ihm zu gelangen, aber es gab keine Möglichkeit, denn das gesamte Gebäude wies weder Türen noch Fenster auf. Wände und Dach waren von allen Seiten glatt wie Glas.

Während ich noch dort stand und über das nachdachte, was ich sah, verblasste das Bild und ich fand mich wieder am vertrauten Ort meines Gebets, wusste aber, dass etwas mit mir geschehen war. Ich hatte andere Gefühle meinem Vater gegenüber als noch wenige Minuten zuvor. Genauso wie der Trost weg war, den die Dankbarkeit für die Wiederkehr der Flöte in mein Leben mir gegeben hatte, war jetzt auch die Dankbarkeit für die letzten glücklichen Jahre mit

[19] Evagrius bezeichnet diese Passion auch als „Traurigkeit“.

meinem Vater verschwunden. Jetzt, wo mir diese tröstliche Stütze fehlte, traf mich die Trauer über den Verlust meines Vaters frisch und pur mit einer nie gekannten Wucht.

Unter undurchdringlichem Schmerz, der gleichermaßen physisch und psychisch war, bewältigte ich irgendwie die Arbeit und die Gespräche jenes Tages. Ich war erleichtert, als meine Gebetszeit am nächsten Morgen, am Karfreitag, frei von Visionen blieb. Dann, am Karsamstag, an dem Tag, an dem mein Vater vier Jahre zuvor mit Jesus im Grab vereint worden war, fand ich mich wieder bei dem Stahlgebäude, kaum dass ich mich auf meinem roten Sessel zum Gebet niedergelassen hatte. Diesmal war ich allerdings innerhalb des Gebäudes; es war sehr feucht und kalt und roch streng nach vermodernden Eichenblättern. Obwohl ich die Wände in der undurchdringlichen Dunkelheit nicht ausmachen konnte, wusste ich, dass ich in der Mitte des Raumes stand und auf den Körper meines Vater heruntersah. Er lag ausgestreckt auf einer Art Plattform, die auf zwei Sägeböcken ruhte. Zwei dicke rote Kerzen in großen Ständern flackerten zu seinem Haupt und zu seinen Füßen.

Ich stand einige Momente so da und betrachtete ihn, ohne ihn zu berühren. Dann verschwand das Bild, ich war wieder bei mir selbst und meine Trauer und mein Schmerz waren noch größer als zwei Tage zuvor. Während ich jedoch zunächst eher allgemein Trauer um etwas Verlorenes empfunden hatte, war das Gefühl jetzt präziser geworden: Ich trauerte um mich, darum, was es als Kind für mich bedeutet hatte, die Tochter meines Vaters zu sein. Ich war traurig darüber, wie er mich durch sein Verhalten und seine Worte verletzt, wie er mich verlassen hatte und traurig über die langen Jahre, in denen es für mich den Anschein gehabt hatte, ich sei ihm gleichgültig.

Der Schmerz, der durch diese neue Trauer ausgelöst wurde, hielt für den Rest des Tages an und wurde auch am nächsten Tag, am Ostersonntag, nicht weniger. Anscheinend war Ostern in diesem Jahr an mir vorbeigegangen. Ich wachte am Montag auf und stellte fest, dass meine Trauer noch genauso frisch war wie am Tag zuvor.

An jenem Morgen setzte ich mich trostlos hin zum Gebet, war erfüllt von Selbstmitleid und erwartete gar nichts. Dann fand ich mich ein drittes Mal unvermittelt wieder bei dem Gebäude im Wald. Diesmal hatte sich allerdings einiges verändert. Zum einen herrschte eine andere Jahreszeit. Es war nicht mehr Winter, sondern früher Frühling. Zum anderen stand ich an einer anderen Stelle, nicht mehr auf einer Lichtung mitten im Wald, sondern auf einer Schotterstraße, die zu dem Gebäude hinführte. Aber am wichtigsten war die Feststellung, dass die metallene Oberfläche, die vor vier Tagen noch glänzte wie Edelstahl, nun mit stumpfem rotem Rost überzogen war. Das flache Stahldach brach nach innen ein und an den Ecken waren Spalten entstanden, breit genug, um einer Person Durchschlupf zu verschaffen.

Verwirrt folgte ich der Straße und quetschte mich durch eine Ecke ins Innere des Gebäudes. Im dünnen Frühjahrssonnenlicht, das durch die Risse in der Decke drang, hielt ich vorsichtig Ausschau nach meinem Vater. Aber mein Vater, die Bahre und die Kerzen waren verschwunden. Das Gebäude war bis auf die ledrigen braunen Blätter, die sich an einigen Stellen zu Haufen gesammelt hatten, völlig leer und erweckte den Eindruck, seit langer Zeit verlassen zu sein. Verblüfft und ein wenig ängstlich wandte ich mich zum Gehen und fragte mich, ob ich mir all das, was ich ursprünglich zu sehen vermeint hatte, nur ausgedacht hatte.

Dann kam ich auf den Gedanken, die Blätter auf dem Boden in der Mitte des Raumes zur Seite zu schieben. Und tatsächlich, genau dort, wo ich es vermutet hätte, fand ich Wachsflecken, frisch und rot wie Blut.

Auf unerklärliche Art und Weise schien an jenem Montag, nachdem das letzte Bild verblasst und mein Bewusstsein wieder zum roten Sessel in meinem Studierzimmer, auf dem ich saß, zurückgekehrt war, auch die heftige Trauer um meinen Vater nachgelassen zu haben. In den folgenden Tagen fragte ich mich, was sich in meinem Innern denn wirklich ereignet hatte. War die alte Traurigkeit tatsächlich weg oder waren die Gebetsbilder, wie es bisweilen der Fall ist, eine Art Zusage Gottes für das, was mich erwartete, wenn ich die noch ausstehende Arbeit in Angriff nahm?

Eine Antwort auf diese Frage fand ich erst einige Monate später, als im Hochsommer eine Reihe von familiären Ereignissen die alten Sorgen und Ängste, die mich immer befallen, wenn ich mich durch den Verlust eines geliebten Menschen bedroht fühle, wieder intensiv aufwühlten. Zu meiner Überraschung kam mit diesen vertrauten Ängsten aber nicht wie erwartet die alte Trauer um meinen Vater hoch, sondern eine verstärkte Form der Panik und Scham, die ich genau so gut kannte und gegen die ich gerade vor kurzem im Zusammenhang mit meiner Flöte so schwer und doch ziemlich wirkungslos angekämpft hatte.

Warum empfand ich diese Gefühle von Panik und Scham in einem scheinbar ganz anderen Zusammenhang? Ich verstand es nicht und wusste gleichzeitig, dass ich die vielen Verletzungen und ihren Schmerz, der mich schon so lange quälte, in dieser Form nicht länger ertragen konnte. Eigentlich hatte ich gerade zu viel anderes um die Ohren, aber es ließ sich nicht aufschieben, ich musste jetzt im Gebet daran arbeiten.

Für mich persönlich gibt es nur einen gangbaren Weg für diese Arbeit. Ich versuchte, meinen Schmerz möglichst genau zu bestimmen, um dann, im sicheren Rahmen der Gegenwart Gottes, die entscheidenden mit seinem Ursprung verbundenen Kindheitserinnerungen freizulegen und Heilung zu suchen. Allein der Kampf gegen die Panik, mir das Umfeld klarzumachen, in dem ich suchen musste, nahm schon mehrere Tage in Anspruch.

Dann wachte ich eines Morgens auf und wusste, worin die Arbeit bestand: In der Nacht war mir eingefallen, dass ich meinem Mann in all den Jahren nie erzählt hatte, was im Zusammenhang mit der Scheidung meiner Eltern passiert und wie es mir dabei ergangen war. Ich hatte nicht bewusst darüber geschwiegen, hatte aber nun den Eindruck, dass ich irgendwo in mir vor langem beschlossen haben musste, es wäre einfach zu quälend, mich dem Schmerz jener

Zeit direkt zu stellen. Ich wusste, wenn ich jemals weiterkommen wollte, musste ich jetzt den Schritt tun und ihm gegenübertreten.

Um dies zu tun und herauszufinden, was mich in jener Zeit sonst noch geprägt hatte, brauchte ich aber einen Zugang dazu. Ich benötigte eine Erinnerung, die mir gleichsam die Tür öffnete. Nachdem ich mir das eingestanden hatte, bat ich Gott um eine Erinnerung aus jener Zeit. Die Erinnerung kam rasch.

Am nächsten Morgen, gegen Ende meiner Gebetszeit, stand ich vor meinem inneren Auge plötzlich in der Stille des Wohnzimmers meiner Eltern, ungefähr eine Woche bevor meine Mutter mit uns Kindern das Haus in Delaware verließ, in dem wir ein Jahr lang gelebt hatten, um nach Kentucky zu ziehen. Im Haus war es unnatürlich ruhig. Ich war allein und ich war verzweifelt. Die zugezogenen grauen Gardinen dämpften das trübe Nachmittagssonnenlicht, trotzdem konnte ich die zugeklebten Umzugskisten erkennen, die sich in der Mitte des Raumes stapelten. Meine Aufmerksamkeit galt jedoch nicht diesen Kisten. Sie bildeten nur den Hintergrund des eigentlichen Bildes, das mich an diesem Morgen in meinem Gebet fesselte.

In jenem düsteren Raum ruhte mein Blick auf einer der Grünpflanzen meiner Mutter, links in dem breiten Pflanzenständer, der vor dem Fenster auf der Erde stand. Es war ein großer Christusdorn, den sie im Jahr zuvor schon aus New York mitgebracht hatte. Der graugrüne, fast wie ein Knochen wirkende einzelne Stamm mit seinen spitzen Dornen war von kleinen runden Blättern bedeckt; winzige altweiße, rot gefüllte Blüten wuchsen direkt aus dem Stamm. Als sei das nicht genug, war die oberste Spitze der Pflanze mit einem ausgefransten weißen Lappen am Fuß des Stamms fixiert worden. Im Verlauf dieses langen Jahres in Delaware hatte meine Mutter die gesamte Pflanze dazu gebracht, die Form der Dornenkrone Jesu anzunehmen. Ich hatte sie schon immer hässlich gefunden, aber nun erschien sie mir als das hässlichste, was ich je gesehen hatte. Allein ihr Anblick erfüllte mich mit Abscheu und einem Gefühl von Übelkeit in der Magengrube.

Ich kann nicht sagen, ob ich damals tatsächlich einmal so vor diesem Christusdorn gestanden habe. Ich weiß aber mit Sicherheit, dass meine Mutter eine solche Pflanze hatte und dass ich sie aufrichtig hasste. Ich weiß außerdem, dass durch meine Erinnerung an jenen Christusdorn eine ganze Vielfalt weiterer Erinnerungen ausgelöst worden ist, die nicht nur mit meinen Empfindungen an jenem längst vergangenen Tag kurz vor dem Umzug nach Kentucky zusammenhingen, sondern auch mit Erfahrungen, die ich Monate und sogar Jahre später machte.

Das meiste von dem, was an jenem Tag in meinem Gebet hochkam, war fast unerträglich. Ich durchlebte nochmals meine Verwirrung und den stechenden Schmerz über den Verlust meines Vaters mit knapp zwölf Jahren. Ich empfand auf eine Weise, die ich mir nie zuvor eingestanden hatte, die vibrierende Intensität meiner Liebe zu meinem Vater. Ich spürte die vernichtende Scham darüber, dass mein Vater, der mich schon in so vielen anderen Dingen herabgewürdigt hatte, mich nun endgültig verließ, weil ich es nicht wert war. Und ganz tief unten fand und erkannte ich denselben glühenden, schuldbewussten Zorn, Hohn und Hass, den ich vor kurzem für mein eigenes Ich empfunden hatte, das seine erste Flöte verkauft und auf Musik verzichtet hatte.

Erfahrungsgemäß, so dachte ich am Schluss meiner Gebetszeit, müsste es mir jetzt allmählich besser gehen. Ich hatte zum ersten Mal das Gefühl, über alle Puzzleteile zu verfügen, die ich brauchte, um die verheerenden Erinnerungen verstehen und im Gebet direkt ansprechen zu können. Ich machte mir rational klar, dass ich den Weggang meines Vaters als bewusste Zurückweisung meiner Liebe und meiner Person aufgrund ihrer Wertlosigkeit interpretiert hatte. Ich erinnerte mich daran, als Zwölfjährige den Entschluss gefasst zu haben, es meinem Vater gleich zu tun und das Kind, das ich war, ebenfalls abzulehnen. Und weinen musste ich über die noch schrecklichere Erkenntnis, dass ich auch als Erwachsene immer noch akzeptierte, wie die Zwölfjährige die Ereignisse um die Scheidung ihrer Eltern interpretiert und sich selbst mit Verachtung und Hass gestraft hatte. Ich wusste nun, dass das – die Selbstverachtung und der Hass, zu dem mich dieses Kind ein für allemal verurteilt hatte – die Wurzeln meiner immer wiederkehrenden Panik und Zweifel an meiner Fähigkeit zum Flötenspiel waren, und gleichzeitig die Wurzeln meiner Ängste, ich würde letztlich alle, die ich liebte, dazu bringen, mich zu verlassen, weil ich ihrer Liebe nicht wert war.

Tatsächlich brachte die Entdeckung, woher das alles kam, eine gewisse Erleichterung, sowohl im Blick auf vergangene als auch auf aktuelle Erfahrungen, aber ich war nicht wirklich davon befreit. Ich stand immer noch vor dem Problem, was ich mit diesen grässlichen Gefühlen und Verurteilungen anfangen sollte, die seit so langer Zeit mit einer gewissen Regelmäßigkeit immer wieder aus dem Grundwasser meines Lebens auftauchten.

Ich begann, das Problem mit Hilfe meines Verstandes anzugehen, den Gott mir geschenkt hatte. Nicht als das Kind von früher, sondern als intelligente und gebildete Erwachsene begann ich die Unterschiede zwischen den Ereignissen im Zusammenhang mit der Scheidung meiner Eltern herauszuarbeiten, wie sie sich aus Sicht des Kindes dargestellt hatten und wie sie sich tatsächlich abgespielt haben mochten. Mir fiel ein, dass meine Mutter mir viele Monate später einmal sagte, mein Vater habe mich zwar in der Tat verlassen, aber eigentlich habe er nicht mich, sondern vielmehr sie damit gemeint. Meine Verlassenheit sei eigentlich nur eine Art Nebenprodukt, das dabei entstanden sei. Jetzt konnte ich es zum allerersten Mal wirklich glauben.

Gleichzeitig war ich auch fähig, mir einzugestehen, dass in meiner kindlichen Wahrnehmung der Beziehung zwischen mir und meinem Vater und der Art, wie er meine Bewunderung verschmäht hatte, weil sie für ihn wertlos war, ein Körnchen Wahrheit steckte. Die Realität hatte so ausgesehen: Obwohl er mich wirklich liebte, machte ich als Kind hauptsächlich die Erfahrung, dass ich ihn ständig nervte. Ich sah jetzt ein, dass er einfach unfähig gewesen war, mit mir und meinen Brüdern klar zu kommen, solange wir Kinder waren. Seine Verärgerung hatte sich mit Sicherheit nicht gegen mich persönlich gerichtet, wenigstens nicht mehr als gegen jedes andere Kind an meiner Stelle.

Und trotzdem, auch nachdem ich Zeit gehabt hatte, mir all diese neuen Einsichten durch den Kopf gehen zu lassen, ging es mir nicht viel besser als zuvor.

Der wesentliche Teil meines Schmerzes, die Beschämung, die mein jüngeres Ich vor langer Zeit erfahren hatte, vermischt mit meiner gegenwärtigen Scham über mich selbst, war noch da. Ebenso die Tatsache, dass mein erwachsenes Ich das Kind, das ich gewesen war, auf den Tod nicht ausstehen konnte. Jetzt, da mir das alles bewusst geworden war, fühlte ich nur noch stärkere Panik und Wut auf das zwölfjährige Kind in mir aufsteigen. Äußerlich sichtbares Zeichen meiner Panik und Wut war die Tatsache, dass ich mich strikt weigerte, die Flöte, die mir vier Jahre lang tägliche Begleiterin gewesen war, auch nur anzurühren.

Zum Glück, oder besser gesagt Gott sei Dank, hört Gott nie auf, in uns zu wirken, egal was wir tun und egal an welchem Punkt wir im Gebet zu stehen meinen. Einen Tag nachdem ich mich wieder an den Christusdorn meiner Mutter erinnert hatte, wurde ich im Gebet wirklich reich beschenkt. Es war kein guter Morgen. Während ich betete, hatte ich wieder mit all diesen Dingen gerungen und war keinen Schritt weitergekommen.

Doch dann hörte ich plötzlich ohne jede Vorwarnung meine Stimme die vertrauten Worte des Vaterunser sprechen, und zwar auf eine Weise, die mir völlig neu war. Ich betete sie nicht auf dem Hintergrund meines Wissens darüber, was Jesus zur Zeit des ersten Jahrhunderts in Palästina damit gemeint haben könnte. Nein, ich wiederholte jede Bitte dieses Gebetes aus den aktuellen Erfahrungen meines persönlichen Lebens heraus, und ich betete, als ob mein Leben davon abhinge, und das tat es ja tatsächlich. Nach jeder Bitte formulierte ich genau, was sie in diesem Moment für mich bedeutete und benannte von daher ganz konkret, worum ich Gott bitten wollte. Es war wundervoll; ich kam mir vor wie eine Verhungernde, die sich an einen gedeckten Tisch setzt.

„*Unser Vater*", setzte ich ein, und als ich „*unser*" sagte, wurde meine Seele ganz aufmerksam. Ich hatte den Kommentar zum Vaterunser von Cyprian, dem großen Kirchenvater der Nordafrikanischen Kirche im dritten Jahrhundert, lange studiert, und er war an jenem Tag bei mir und bot mir rettende Hilfe an. Wenn wir dieses Gebet beten, erinnerte er mich jetzt, dann denke daran, dass wir nicht „mein Vater" sagen, nicht allein beten, sondern gemeinsam mit allen unseren Brüdern und Schwestern in Christus.

„Mit allen unseren Schwestern in Christus!" Losgelöst davon, wie mein erwachsenes Ich dazu stand, hatte ich es in der Vergangenheit abgelehnt, das Kind, das ich einmal war, als meine Schwester in Christus zu betrachten. Und ebenso wenig hatte ich die Erkenntnis zugelassen, dass die Liebe Gottes jenem Kind genau so galt und noch gilt wie jetzt der erwachsenen Roberta. Nun stand das zum ersten Mal zweifelsfrei für mich fest und ich spürte, wie Gott mich von der schweren Last befreite, dieses Kind als meine Schwester anzunehmen, indem mir ganz schlicht die Worte „unser Vater" in den Mund gelegt wurden, die uns beide gleichzeitig in mein Gebet einschlossen.

So betete ich an jenem Tag „Unser Vater – mein Vater und der Vater jenes Kindes, vor dem ich nicht weglaufen, dem ich aber auch nicht vergeben kann – ich bin bereit zu akzeptieren, dass du uns beide gleichermaßen als deine Kinder liebst."

„... *im Himmel*", hörte ich mich jetzt sagen und dann "Ich weiß, dass es für die alltägliche Welt, in der ich lebe, eine sehr seltsame Vorstellung ist, aber die Gelehrten aus der Alten Kirche und meine eigene Erfahrung haben mich gelehrt, dass die Gemeinschaft der Heiligen etwas sehr Reales ist. In dir, Gott, ist die Vergangenheit nie wirklich vergangen. In dir und in deiner Ewigkeit ist die Zeit überwunden. Und das bedeutet nicht nur, dass das Mädchen, das ich einmal war, immer noch sehr lebendig ist, sondern auch, dass ich in dir mit ihr sprechen und mich um sie kümmern kann, sie direkt mit meinen Fragen und meiner Wut konfrontieren kann. Mir ist außerdem bewusst: Wenn ich es wagen will, mich für uns beide um Heilung zu bemühen, darf ich es in der Erwartung tun, dass sie wirklich geschieht. Aber gerade der Entschluss, es zu wollen, fällt mir so schwer."

„*Geheiligt werde dein Name*", sagte ich dann, und als ich es tat, fiel mir wieder mein Lehrer Cyprian ein, der im dritten Jahrhundert seine Gemeinde in Karthago darauf hinwies, dass Gottes Name ja bereits heilig sei und dass Jesus uns deshalb an dieser Stelle auffordere, darum zu bitten, dass Gottes Name *in uns* geheiligt werde.

In uns geheiligt! Ich stöhnte. Ich war seit langem davon überzeugt, dass Gott durch die Tatsache, dass Gottes Ebenbildlichkeit im Menschen unzerstörbar ist, bereits in jeder Person geheiligt wird. Als ich feststellte, dass ich als Nächstes darum bitten musste, Gottes heilige und gute Gegenwart in jenem Kind entdecken zu können, erschien mir mein Gebet plötzlich fast unerträglich. Ich wusste sehr genau, dass ich diese Gegenwart weder jetzt noch zu einem späteren Zeitpunkt erkennen und wahrhaben wollte. Denn würde ich es tun, wie könnte ich dann das Kind weiterhin hassen und meine sichere Distanz zu ihm wahren?

Ich staune immer wieder über die Wege der Gnade Gottes. Gott hatte mich in einer Falle gefangen, aus der es keinen Ausweg gab. Ich seufzte noch einmal und betete dann „Geheiligt werde dein Name. Ich bin bereit, mir von dir deine heilige Gegenwart in jenem Kind, das ich einmal war, zeigen zu lassen."

„*Dein Reich komme*", sagte ich danach. „Jesus hat es gelehrt und die Psalmen, mit deren Worten ich so lange gebetet habe, bezeugen es überdeutlich, dass die Welt nicht so ist, wie du sie gemeint hast, dass es aber deine klare Absicht und dein Versprechen ist, alles zurecht zu bringen. Das ist die gute Nachricht, die ich brauche. Sie unterscheidet sich deutlich von dem, was mein Vater mir als Kind beigebracht hat und wogegen ich in mir so sehr ankämpfe – dass ich nämlich unfähig sei, irgend etwas richtig zu machen und dass es keinen Sinn habe, überhaupt etwas anzufangen, wenn ich es nicht so zu tun vermöge, wie es sich gehört."

„*Dein* Reich komme", betete ich, „damit ich darin leben kann und nicht mehr länger in dem Reich bleiben muss, das mein Vater ohne es zu wollen in jungen Jahren in mir errichtet hat und zu dem er gegen Ende seines Lebens gar keinen Zugang mehr hatte."

„*Dein Wille geschehe*", waren die nächsten Worte meines Gebets. „Mein Gott", betete ich, „ich weiß, wenn ich niedergeschlagen und voller Panik und Trauer bin, stehe ich in der Versuchung zu glauben, mein Schmerz sei dein Wille, deine erwünschte Strafe für meine Fehler. Eigentlich weiß ich doch genau, wie behutsam du auf alle unsere Verletzungen und all die Dinge, die uns weh tun, schaust. Du wünschst dir bestimmt nie unseren Tod, aber wenn es mir schlecht geht, fällt es mir so schwer, mir das bewusst zu machen! Ich erlebe dann eine gewaltige Spannung zwischen dem Überlebensmechanismus, den ich mir als Kind angeeignet habe, und dem, was du dir für mich wünschst. Diese Spannung verunsichert mich und macht mich manchmal fast verrückt.

Gott, da es mir anscheinend nicht gelingt, das selbst zu speichern, bin ich darauf angewiesen, dass du mich immer wieder daran erinnerst: du willst, dass es allen Menschen, auch mir und der kleinen Roberta, gut geht und dass wir gesund sind."

„*Unser täglich Brot gib uns heute*", betete ich dann. „Gott", fuhr ich fort, „ich weiß, dass meine Bedürfnisse und die Bedürfnisse des Kindes, das ich einmal war, groß sind. Es fällt mir auch jetzt noch außerordentlich schwer, sie als tatsächlich vorhanden und berechtigt wahrzunehmen, weil ich als Kind versehentlich das Gegenteil gelernt habe. Nun befällt mich jedes Mal Panik, wenn ich meine, nicht über die Fähigkeiten, Kenntnisse oder den emotionalen Rückhalt zu verfügen, die nötig wären, um das zu tun, was ansteht. Ich versuche, deiner Zusage zu vertrauen, dass ich trotz meiner Kindheitserfahrungen schon über vieles verfüge, was ich brauche, und dass du mich treu und verlässlich versorgen wirst mit dem, was mir noch fehlt, wenn ich dich darum bitte.

Darum bitte ich dich von ganzem Herzen darum, uns, der kleinen

Roberta und der erwachsenen Roberta, nicht für immer, aber für heute, für die Spanne vom jetzigen Zeitpunkt bis zum Schlafengehen, das zu geben, was wir zum Leben und Gedeihen nötig haben."

„*Vergib uns unsere Schuld, wie auch wir vergeben unsern Schuldigern*", betete ich weiter, bis ich merkte, dass ich der Gnade Gottes schon wieder in die Falle gegangen war. Diese Worte zu beten war mir so zuwider, dass ich Herzrasen bekam und mir der Schweiß auf der Stirn perlte. Aber gerade weil es weh tat, fuhr ich fort, sie zu beten.

„Ich weiß, dass du die Verletzungen *vergibst*, die mich und das Kind, das ich einmal war, belasten, unabhängig davon, ob ich sie vergebe. Aber ich weiß gleichzeitig, dass ich die Wirkung deiner Vergebung nur *erfahren* kann, wenn auch ich vergebe. Wenn ich versuchen möchte, dem Kind zu vergeben, weil ich mich danach sehne, Vergebung zu erfahren, ist das zwar kein besonders edles Motiv, aber alles, was ich zur Zeit bieten kann.

Ich bitte dich, hilf mir, dem Kind, das ich war, seinen Anteil am Weggang meines Vaters zu vergeben. Lass mich gleichzeitig begreifen, dass es weder faul, nachlässig noch absolut unfähig war, selbst wenn unser Vater in seinen jungen Jahren nicht viel mit ihm anfangen konnte. Unter widrigen Umständen versuchte es, sein Bestes zu geben.

Du, Gott, liebst uns beide, deshalb bitte ich dich darüber hinaus, hilf mir dabei, in deiner ewigen Gegenwart Buße zu tun und dem Kind, das ich war und das dort weiterlebt, zu bekennen, wie schlecht ich es behandelt habe. Ich habe es gehasst und ihm die Schuld gegeben an fast allen Problemen, die ich als Erwachsene hatte, als hätte es absichtlich irgendwelche Weichen gestellt, die es nie stellen wollte. Ich bitte dich, du Gott von uns beiden, lass das Kind auch mir vergeben, damit in dir mein Kindheits-Ich und mein Erwachsenen-Ich eins werden können."

„*Führe uns nicht in Versuchung und erlöse uns von dem Bösen*", kam dann und diese Worte konnte ich aus tiefster Überzeugung nachsprechen. „Jedes Mal, wenn ich wieder in einer Situation stecke, die diese vertrauten Gefühle von Panik und Scham auslöst, stehe ich in der großen Versuchung, ihnen zu erliegen und nicht für mich zu kämpfen. Am liebsten würde ich dann das Kind und die Erwachsene in mir gleichzeitig bestrafen. Das ist wahrhaftig böse und ich bitte dich darum, mich davon zu befreien."

Schließlich hatte ich alles gesagt, was zu sagen war und schloss mit den Worten: „Gott, ich habe das Gefühl, dich um sehr vieles zu bitten, aber ich tue es ganz vertrauensvoll. Ich darf so bitten, weil Jesus mich dieses Gebet gelehrt hat, aber auch weil ich weiß, dass du mir wirklich geben kannst, worum ich bitte, *„denn dein ist das Reich"* – all diese Dinge sind in deiner freundlichen und gütigen Hand – *„und die Kraft"* – du willst mir das geben, worum ich bitte und hast die Macht dazu - *„und die Herrlichkeit"* – ich habe selbst gesehen, wie sie wie ein leuchtender Lichtglanz über allem liegt, was du geschaffen hast, *„in Ewigkeit"*. Ich bitte dich um all diese Dinge im Namen deiner Liebe."

Und dann sagte ich aus tiefstem Herzen *„Amen"*.

Liebe Freundin, es wäre zu schön, wenn ich dir jetzt sagen könnte, als ich an jenem Morgen vom Gebet aufstand, sei der langwierige Heilungsprozess abgeschlossen gewesen – doch so einfach war es natürlich nicht. Und doch bin ich voll Zuversicht, denn im Anschluss an diese Erfahrung fühlte ich mich zutiefst erfüllt von Gott und davon, wie Gott mich zu beten gelehrt hatte. Ich war gewiss, wenn ich mit Vertrauen und Ausdauer dabei blieb, so zu beten, wie es mir gezeigt worden war, würde sich langsam, aber kontinuierlich und verlässlich Heilung einstellen.

Nun praktiziere ich diese Form des Gebets schon einige Monate und fühle mich darin bestätigt. Das bewies mir gerade gestern wieder das Flötenvorspiel der vierzehnjährigen Tochter einer Freundin, bei dem ich zugegen war. Ich konnte ihr zuhören und feststellen, dass sie innerhalb von sechs Monaten mehr Fortschritte gemacht hatte als ich in vier Jahren, ohne dass mich wie so viele

Male davor Verzweiflung befiel und ich mir einredete, ich sollte das Flötenspielen lieber lassen. Ich wurde für eine Weile melancholisch. Dann machte ich mir bewusst: Ich werde zwar niemals auch nur halb so gut spielen, wie wenn ich beim ersten Versuch nicht aufgegeben hätte, aber nehme ich die Flöte zur Hand, dann spiele ich in dem Reich, um das ich täglich bitte. Dort freut Gott sich über das Vergnügen und die Befriedigung, die ich im Flötenspiel finde.

Meine Freundin, ich wünsche dir Gottes Segen für dein eigenes Arbeiten. Ich bin sehr darauf gespannt, wieder von dir zu hören.

Mit lieben Grüßen

Roberta

Viertes Kapitel

Wenn Mäuse tanzen

Meine liebe Freundin,

in deinem letzten Brief bemerkst du, ich könne mich noch so sehr bemühen, in meinen Briefen andere Aspekte des Gebets zu betonen, die Lösung für meine eigenen Fragen und Probleme fände ich anscheinend doch meistens durch – wie ich sie nenne – Gebetsbilder. Du bittest mich deshalb, dir mehr davon zu erzählen. Ich muss dagegen halten, dass ich bisher auf genauere Schilderungen weitgehend verzichtet habe, weil diese Bilder weder notwendige Gebetserfahrungen sind, noch von allen Menschen erlebt werden.

Hauptsächlich wollte ich aber vermeiden, dich zu beunruhigen, falls du zu den Personen gehörst, die sie aus ihrem Gebetsleben nicht kennen. Ich weiß jetzt, dass ich mir zurecht Gedanken darüber gemacht habe, denn du schreibst mir von deiner Sorge, ohne sie keine Heilung im Gebet finden zu können. O meine Freundin, wenn es uns doch nicht so schwer fallen würde darauf zu vertrauen, dass wir alle einfach unsere eigene, je unterschiedliche Gebetsform haben, die weder besser noch schlechter ist als die irgend einer anderen Person! Du weißt doch, dass das wirklich so ist. Schon meine Gelehrten aus der Alten Kirche haben betont, dass Gott zu den Einzelnen kommt und ihnen die heilvolle Hilfe in der Form zuteil werden lässt, die zu ihrer Persönlichkeit am besten passt.

Doch wenn der Gedanke an diese Bilder dich mit Besorgnis erfüllt, will ich deiner Bitte gerne nachkommen und etwas ausführlicher davon berichten, wie ich Gebetsbilder erfahre und wie ich darüber denke. Anschließend will ich dir allerdings auch ein Beispiel aus dem vergangenen Jahr erzählen, in dem ich an einer wichtigen Fragestellung gearbeitet habe, ohne im gesamten Prozess auch nur ein Gebetsbild zu erleben. Dann wirst du nachvollziehen können, dass der Heilungsprozess im Gebet für mich wirklich nicht von diesen Erfahrungen abhängt.

Nun will ich versuchen, einige deiner Fragen zu den Gebetsbildern zu beantworten. Zunächst die Frage aus deinem letzten Brief, ob Gebetsbilder mit Träumen vergleichbar seien. Dazu kann ich nur sagen: einerseits ja, andererseits nein. Erinnerst du dich noch an das Bild mit dem Feld und dem Apfelbaum, von dem ich dir vor einer Weile geschrieben habe? Dieses Bild hatte sowohl von seinem visuellen Gehalt als auch von den starken physischen Empfindungen her, bei Kälte und Nässe auf einem Feld zu stehen, sehr große Ähnlichkeit mit einem lebhaften Traum. Licht, Farben, Materialien und Wahrnehmungen sind so intensiv, dass sie in wachem Zustand dagegen geradezu trüb und verwaschen wirken.

Aber nicht alle Gebetsbilder sind so. Manchmal fällt das visuelle Element ziemlich schwach oder verschwommen aus – es entspricht eher der Vorstellung eines Gemäldes als einem wirklichen visuellen Bild. Ich habe auch schon erlebt, dass das visuelle Element in einem Gebetsbild ganz zurücktrat. Das war zum Beispiel damals der Fall, als die Worte „die Auferstehungsfreude erneuert die ganze Welt“ in meinem Kopf widerhallten und ich dadurch aus meiner Depression herausfand.[20]

Ein Unterschied zwischen Gebetsbildern und Träumen besteht darin, dass Gebetsbilder nie im Schlaf auftreten. Meist bin ich dann sogar in einem ganz besonders wachen Zustand, der über die Erfahrung selbst hinaus anhält. Das Bild mit dem Feld kam mir beispielsweise unmittelbar vor einer Vorlesung vor 150 Studierenden. Es hat mich aber in keiner Weise in meiner Arbeit beeinträchtigt. Ich war vielmehr in einem so ungewöhnlichen Maß bei mir selbst und derart erfüllt von dem, was mir gerade klar geworden war, dass meine Vorlesung wahrscheinlich eher besser war als sonst.

Eine andere Sache, die für die Gebetsbilder bezeichnend ist, hast du selbst benannt: Ich erlebe diese Gebetsbilder zwar häufig auch zu Beginn eines wichtigen Gebetsprozesses (wie etwa das Bild vom Feld), aber im Allgemeinen ereignen sie sich doch eher gegen Ende,

---

[20] Vgl. R. Bondi, Gott ist größer als mein Herz, Viertes Kapitel.

wenn ich an einem Punkt angekommen bin, an dem ich die Hoffnung auf eine Lösung schon fast aufgegeben habe.

In dieser Situation bringen die Gebetsbilder eigenartigerweise immer ein Paradox mit sich. Die plötzlichen befreienden Einsichten, die ich gewinne, erscheinen mir vollkommen neu und ganz vertraut zugleich. Sie enthalten eine Botschaft, auf die ich selber bisher nicht gekommen bin, aber gleichzeitig weiß ich genau, dass mir alle Elemente des Bildes wohlbekannt sind.

Die Art und Weise wie die Worte „die Auferstehungsfreude erneuert die ganze Welt" zum Ende meiner lebenslangen Depression führten, ist ein gutes Beispiel für dieses Paradox. Wie lange habe ich gegen meine Depression angekämpft! Ich glaube, ohne ein so klares Gebetsbild hätte ich nie herausgefunden, dass mich die unbewusste Überzeugung in meiner Depression festnagelte, andere Menschen wirklich zu lieben bedeute, das Kreuz als Dauerzustand zu betrachten. Und gleichzeitig kann ich mich an keine Zeit meines Lebens erinnern, in der ich vom Kopf her nicht genau gewusst hätte, dass nicht das Kreuz das Ende christlicher Existenz ist und das, worauf es letztlich ankommt, sondern die Auferstehung.

Aber, so höre ich dich fragen, könnte all das, was du bisher gesagt hast, nicht auch auf Träume zutreffen? Ja, wahrscheinlich schon, insofern als sich auch durch Träume oft Knoten lösen, die uns zuvor unlösbar erschienen. Deshalb bin ich ja auch der Meinung, dass wir lernen müssen, unseren Träumen viel mehr Aufmerksamkeit zu schenken, als wir das oft tun. Und doch gibt es drei Dinge, die mich Gebetsbilder in eine andere Kategorie einordnen lassen als Träume.

Erstens sind Träume oder auch Bilder, wie wir sie normalerweise aus dem Gebet kennen, nicht sofort verständlich. Der Traum oder das Bild steigen aus dem Unterbewusstsein empor und liefern eigentlich nur den Ansatzpunkt für einen psychologischen und theologischen Interpretationsprozess, der folgen muss. Wenn ich aber ein Gebetsbild erlebe, gibt es diese Phase nicht, in der ich mir über seine Botschaft klar werden muss. Das Gebetsbild spricht mein

Innerstes so unmittelbar und voller Wahrheit an, dass Missverständnisse ausgeschlossen sind. Es enthält außerdem nicht nur die klare Lösung für das Problem, mit dem ich so intensiv gerungen habe, sondern hilft mir auch zu entdecken, in wie vielfältiger Weise das, was mich im Griff hatte, meine gesamte bisherige Lebensgeschichte geprägt hat.

Zweitens haben die Gebetsbilder, wenn ich sie so erfahre, im Gegensatz zu Träumen eine Wucht, die mein ganzes Gehirn umzupolen scheint. Du weißt ja, dass es normalerweise ein langwieriger Prozess ist, sich eine neue Einsicht zu eigen zu machen. Wir erkennen etwas, denken darüber nach, vergessen es, stoßen einige Zeit später wieder darauf und es dauert manchmal Jahre, bis es wirklich gelingt, die alte Überzeugung durch eine neue Einsicht zu ersetzen. Gebetsbilder funktionieren für mich ganz anders. Es gibt dabei kein Vor- und Zurückdrängen zwischen dem neuen und dem alten. Was ich durch ein Gebetsbild einmal aus tiefstem Herzen begriffen habe, ist mir in Fleisch und Blut übergegangen.

Und drittens mag ein Traum noch so aufschlussreich sein, er kommt doch im wesentlichen aus mir selbst und ist das Resultat dessen, was ich träumend aus meinem Unterbewusstsein ausgrabe. Wenn ich aus dem Traum aufwache, entspricht meine emotionale Befindlichkeit dem Inhalt des Traums. Träumte ich von einem Mord, habe ich Angst; ging es um Wut, bin ich zornig; war ich in einer zwiespältigen Situation, fühle ich mich hin- und hergerissen. Beim Gebetsbild ist das anders. Unabhängig vom Inhalt, unabhängig davon, zu welch demütigenden Einsichten ich komme, mit wie viel Trauer oder eigenem Fehlverhalten ich konfrontiert werde, sind Demütigung, Trauer oder Scham doch nie die vordergründigen Gefühle, die ich empfinde. Im Gegenteil, die neue Erkenntnis, die mir darin ohne Zweifel geschenkt wird, bringt ein überwältigendes Gefühl der Freude mit sich.

Diese Freude ist zu einem großen Teil sicher erklärbar, denn ich wurde von der Erkenntnis angerührt, dass an diesem Tag meinem Haus Heil widerfahren ist. Aber das deckt nicht alles ab, denn der

Charakter dieser Freude ist mit keiner anderen Erfahrung vergleichbar, die ich kenne, außer vielleicht mit dem Gefühl, verliebt zu sein. Ich glaube, diese Freude entspringt letztlich gar nicht der neuen Erkenntnis oder der Heilungserfahrung. Sie rührt aus dem Erleben, dass ich mich von der Liebe Gottes umfangen fühle. Dort, in der Gegenwart Gottes, werden Wahrheit, Güte und Schönheit eins, sind in Gott aufgenommen und von überströmender Freude beherrscht.

Liebe Freundin, ich will mich von der Sorge darum, du könntest die Gebetsbilder missverstehen, nicht dazu treiben lassen, die Bedeutung, die sie seit Jahren für mich haben, gering zu schätzen. Ich bin unwahrscheinlich dankbar für die Heilung, die sie mir gebracht haben, aber auch für das Geschenk der Gegenwart Gottes, die ich darin erfahren habe. Allerdings sind sie auch nicht völlig unproblematisch. Ich gestehe dir freimütig ein, dass ich anfangs sehr stark in der Versuchung stand, sie als eine Art Ziel oder sogar, Gott bewahre, als Belohnung meines Betens zu sehen. Musste etwas so Überwältigendes der Wirklichkeit und der Wahrheit nicht näher kommen als die alltägliche Gebetserfahrung?

Aber meine Gelehrten aus der Alten Kirche warnten mich immer wieder: Angesichts einer solchen Gotteserfahrung sei die Gefahr groß, die mächtige Erinnerung an das Bild dem normalen, alltäglichen, wiederkehrenden Gebet vorzuziehen. Aber gerade das alltägliche Gebet halte unsere Beziehung zu Gott langfristig und anhaltend am Leben und gestalte sie. Es gebe nichts Wirklichkeitsnäheres und Wertvolleres als die alltägliche Gebetspraxis. Vermutlich war ich deshalb von Anfang an instinktiv der Überzeugung, dass meine gelehrten Mönche Recht hatten mit der Mahnung, ich sollte die Hilfe der Gebetsbilder dankbar annehmen, sie aber nie suchen oder darum bitten.

Es bleibt noch deine Frage, meine Freundin, warum manche Leute solche Gebetsbilder erleben und andere nicht. Ich habe nicht die geringsten Zweifel, dass sie ein Geschenk Gottes sind. Gleichzeitig bin ich absolut sicher, dass sie nicht das Resultat besonderer

Heiligkeit, besonderen Gutseins oder gar besonderer Erkenntnis von Seiten der Empfänger und Empfängerinnen sind. Warum kennen also manche diese Erfahrung und andere nicht? Ich weiß keine Antwort auf diese Frage. Was mich betrifft, habe ich manchmal vermutet, es hänge damit zusammen, dass ich oft zu beschränkt, zu hartherzig oder zu verletzt bin, um das gleiche auf andere Weise lernen zu können. Liebe Freundin, hab' bitte keine Angst um dich. Die Gnade Gottes findet immer einen Weg in unser Herz, wenn wir es wirklich wollen. Kannst du – wenn es dir schwer fällt, Gott zu glauben – darauf vertrauen, dass ich dir nur das weitergebe, was sich für mich selbst als wahr erwiesen hat?

Weiter oben habe ich versprochen, dir einiges aus einem Gebetsprozess des vergangenen Jahres zu erzählen, in dem überhaupt keine Gebetsbilder vorkamen. Gebetsbilder erreichen uns wie ein unerwartetes Geschenk, aber wenn wir sorgfältig darauf achten, kann das, was wir am meisten brauchen, manchmal auch aus unserem eigenen Körper kommen, denn wir sind ja nach Gottes Bild geschaffen. In letzter Zeit hat sich mein alltägliches Gebet oft darum gedreht.

Es begann so: Am ersten Mai diesen Jahres suchte ich unseren Hausarzt auf. Anlässlich der jährlichen Vorsorgeuntersuchung hatte meine Frauenärztin drei Wochen vorher eine Blutprobe angeordnet. Zwei oder drei Tage später rief sie mich an und teilte mir mit, es sei ein erhöhter Cholesterinspiegel festgestellt worden. Sie riet mir dringend zu einer genaueren Untersuchung durch meinen Hausarzt. Der Anruf machte mir Angst und stimmte mich fatalistisch. In der Familie meiner Mutter waren Herzprobleme häufig und ich hatte mich in den vergangenen Monaten oft mies gefühlt. Ich war deshalb eigentlich ganz froh, einen Anlass zu haben, um einen Termin bei meinem Arzt zu vereinbaren. Weniger froh war ich allerdings darüber, dass die Arzthelferin hartnäckig auf einer Wiederholung der Blutprobe bestand, zu der ich nüchtern erscheinen musste. Das Gespräch mit dem Arzt sollte dann frühestens um halb elf stattfinden. Fasten war nichts für mich.

Der Tag selbst verlief genau so, wie ich es erwartet hatte. Als ich um neun zum Blutabnehmen kam, zitterten mir die Hände, ich hatte Kopfschmerzen und mir war speiübel. Innerhalb der zwei Stunden, die ich danach warten musste, verschlimmerten sich die Symptome. Um elf trat der Arzt endlich durch die Tür der kleinen Kabine, in der ich halbnackt und hundeelend vor Übelkeit auf einer hohen, mit Papier bezogenen Liege lag. Nach einer höflichen Begrüßung begann er mir sofort zu erklären, was gegen meinen erhöhten Cholesterinwert zu unternehmen sei. Ich war mittlerweile schon so wirr im Kopf, dass ich ihm kaum folgen, geschweige denn, meinerseits Fragen stellen konnte.

Da ich aber wusste, dass das, was er sagte, wichtig war, und weil ich ihn mag, versuchte ich, mich so gut es ging zusammenzureißen. Ich bemühte mich, seine Fragen zu beantworten und seinen Anweisungen und Warnungen hinsichtlich der Medikamente, die er mir verschrieb, zu folgen. Als ich den Eindruck hatte, die Konsultation sei vorbei, stieß ich einen tiefen Seufzer der Erleichterung aus. Beim Hinausgehen, er hatte mir bereits halbwegs den Rücken zugewandt und seine Hand ruhte auf der Türklinke, erkundigte er sich ein letztes Mal, ob ich noch eine Frage hätte. „Im Moment fällt mir nichts ein", murmelte ich. Aber plötzlich war meine Scham wie weggeblasen und der Selbsterhaltungstrieb trat an ihre Stelle. „Da ist doch etwas", sagte ich. „Gibt es in Ihrer Praxis irgend etwas Essbares für mich? Ich bin mir nicht sicher, ob ich es in meinem gegenwärtigen Zustand schaffe, mit dem Auto nach Hause zu fahren."

Bei meiner letzten Bemerkung ließ der Arzt seine glatte Hand von der Türklinke gleiten. Er wandte sich zu mir um und setzte sich auf einen Stuhl neben der Tür. Ich spürte seinen forschenden Blick, während er mir Fragen stellte und ich darauf antwortete. Was meinte ich damit, ich schaffte es vielleicht nicht, nach Hause zu fahren? Wie fühlte ich mich denn genau? Wie lange schon? Erging es mir immer so, wenn ich nichts im Magen hatte? War es ein Unterschied, ob ich Fleisch aß oder etwas anderes, viel Kohlenhydrate oder wenig? Wie stand es mit Kaffee und Alkohol? Und mit meinem Schlaf?

Kurze Zeit später hatte er eine Diagnose gestellt. Ich litt unter einem zu geringen Zuckergehalt des Blutes, der nicht ungewöhnlich war. Wenn ich mich besser fühlen und zu Denkarbeit in der Lage sein wollte, musste ich häufiger essen, wenig Kohlenhydrate, aber dafür ausreichend Eiweiß zu mir nehmen und Zucker, Alkohol und Koffein meiden. Als ich mich zitternd anzog, brachte die Arzthelferin einen nett zurechtgemachten Pappteller mit Kräckern und Erdnussbutter sowie einen Diätplan bei Hypoglykämie.

Ich erinnere mich, wie ich gegen Mittag die Arztpraxis verließ, immer noch ziemlich wirr im Kopf (Erdnussbutter hin oder her – in der Regel dauert es gut zehn Minuten, bis die Wirkung eines Imbisses vom Magen bis in den Kopf gelangt ist), aber erleichtert und fast euphorisch. Ich war nicht herzkrank und hatte keinen Krebs, ich hatte mir – was fast noch schlimmer gewesen wäre – weder etwas eingebildet noch war ich unheilbar faul. Ich wusste nun, warum ich mich schon so lange immer unwohl und müde fühlte und konnte durch die Veränderung meiner Essgewohnheiten ganz einfach etwas dagegen tun.

Wild entschlossen und geradezu enthusiastisch lenkte ich mein Auto vorsichtig nach Hause, aß etwas und begab mich dann im Supermarkt auf die Suche nach Zwischenmahlzeiten mit hohem Eiweiß-, aber geringem Kohlenhydrat- und Fettgehalt. Unter anderem erstand ich einen größeren Vorrat der fettreduzierten Hotdogs, die ich besonders gerne mag. Später kam Richard nach Hause. Wir kochten zusammen ein gutes Abendessen, wobei wir meinen neuen Diätplan berücksichtigten. Am Tisch erklärte ich ihm alles. Wir räumten die Küche auf, gingen unseren gewohnten abendlichen Aktivitäten nach und legten uns dann ins Bett. Am nächsten Morgen war ich immer noch fest entschlossen und motiviert, die Diät einzuhalten. Zum Frühstück gab es ein Omelett aus Eiweiß statt Corn Flakes wie sonst. Anschließend hielt ich meine Gebetszeit und setzte mich an den Schreibtisch.

Wie nicht anders zu erwarten, wurde ich zwei Stunden nach dem Frühstück zum ersten Mal auf die Probe gestellt. Ich hatte etwa eine

Stunde gearbeitet, als die Hypoglykämie unvermittelt zuschlug und ich einen Bärenhunger verspürte. Habe ich dir schon erzählt, dass sich dabei in fünf Minuten mein Empfinden, richtig satt zu sein, in rasenden Hunger verwandelt? Ich hatte zwei Stunden lang auf diesen Punkt gewartet und wusste ganz genau, was nun zu tun war. Hätte ich mich an meine neue Diät und den gesunden Menschenverstand gehalten, wäre ich aufgestanden, in die Küche gegangen, hätte ohne großen Aufhebens eine Kleinigkeit gegessen und mich anschließend wieder an den Schreibtisch gesetzt.

Aber es war ganz anders. Zunächst passierte Folgendes: Ich realisierte, dass ich hungrig war und wurde im selben Moment von Panik, Schuldgefühlen und Scham erfasst. Unmittelbar darauf ging die innerliche Nörgelei los: Essen? Es kann unmöglich sein, dass du schon wieder etwas essen musst! Das Frühstück liegt gerade zwei Stunden zurück. Wer bist du eigentlich, dass du nicht einmal genug Selbstkontrolle hast, um bis zum Mittagessen zu warten? Immer denkst du nur an dich selbst, zeterte die Stimme in mir weiter. Was ist mit den zahllosen Menschen auf der Welt, die Abend für Abend hungrig ins Bett gehen? Für wen hältst du dich eigentlich, dass du immer gleich meinst, etwas essen zu müssen, bloß weil du leichten Hunger verspürst? Hast du denn vergessen, dass du eine Frau bist und dir dein gutes Aussehen bewahren musst, wenn du beachtet werden willst? Du weißt genau, dass du schon genug wiegst und zusätzliches Essen die Sache nur noch schlimmer macht!

Spätestens an diesem Punkt hätte ich der Stimme in meinem Kopf einfach sagen können, sie sei im Unrecht und solle endlich Ruhe geben. Es waren weder Gier noch selbstsüchtige Motive, die mich zum Essen veranlassten. Ich musste meiner Gesundheit zuliebe etwas essen und um weiterarbeiten zu können. Ich hätte das klarstellen und anschließend in die Küche gehen und etwas zu mir nehmen können. Aber ich tat es nicht. Stattdessen hörte ich auf die Stimme und beugte mich ihrem Druck. Um elf war ich erschöpft und wieder ganz wirr im Kopf. Immerhin konnte ich meine Gedanken noch so weit ordnen um einzusehen, dass es sich hier entgegen meiner Annahme doch nicht um ein rein technisches Problem handelte, für das es eine naheliegende physikalische Lösung gab. Es steckte mehr dahinter, als es zunächst den Anschein gehabt hatte.

Beim Mittagessen überlegte ich angespannt, gegen welche Betonwand in meinem Inneren ich diesmal gelaufen war. Ich war, das wurde mir sehr schnell klar, einmal mehr auf die wichtige Tatsache gestoßen, dass mein unangebrachtes schlechtes Gewissen wie so vieles andere auch von einer inneren Verletzung herrührte und mir noch oft ein schlechter Ratgeber sein würde, wenn ich der Sache jetzt nicht auf den Grund ging.

Am nächsten Morgen fing ich damit an. Es bedurfte mehr als eine Woche entsetzlich schmerzvoller Arbeit, bis ich besagte Wand entdeckte. Ich setzte damit ein, mir in Gottes Gegenwart eine anscheinend leicht zu beantwortende Frage zu stellen. Woher kam die innere Stimme, die mich als Versagerin bezeichnete, wenn ich zu Zeiten aß, zu denen ich um meiner Gesundheit und meines Wohlbefindens willen etwas essen musste? Nach tagelangem Bohren in meinen Erinnerungen stieß ich auf eine Antwort. Wie so oft fiel sie allerdings komplizierter aus als die Fragestellung und nur der geringste und einfachste Teil davon hing mit dem Thema Essen im engeren Sinn zusammen.

Als erstes tauchte in meinem Gebet der Beginn meiner Schwierigkeiten mit dem Hunger auf, denn genau gesagt bereitete mir nicht das Essen an sich Probleme, sondern meine Unfähigkeit, dann zu essen, wenn ich hungrig war. Ich wurde während des Zweiten Weltkrieges geboren und wuchs in den Nachkriegsjahren auf. In dieser Situation war eine Bevölkerung mit Disziplin gefragt und die medizinische Wissenschaft hatte im Einklang damit festgelegt, dass gute Mütter ihre Säuglinge, ob hungrig oder nicht, nur alle vier Stunden hochnehmen und füttern durften. Dies galt als eine Sache von Moral und Charakter und wenn die Kinder drei der vier Stunden vor Hunger und Panik schrien, war das schlimm. Viele junge Mütter, die ihre Kinder liebten, wie meine Mutter es tat, konnten es kaum ertragen, wollten aber nicht riskieren, ihr Kind zu verwöhnen, indem sie sich dem ärztlichen Rat widersetzten.

In der Meditation erkannte ich, dass ich schon in frühester Kindheit und bevor ich das Wort *Milch* überhaupt aussprechen konnte zwei Lektionen verinnerlicht hatte. Ich lernte als erstes, dass schreiende Kinder böse Kinder waren oder, um es anders auszudrücken, dass es unmoralisch war, Hunger zu haben. Zweitens musste ich einsehen, dass es zwischen Hungergefühl und Nahrungsaufnahme keine innere Verbindung gab und geben durfte. Je früher es mir gelang, die Signale meines Körpers zu ignorieren und zu akzeptieren, dass nicht ich, sondern meine Mutter oder mein Vater bestimmten, wann ich zu essen hatte, desto besser.

Ich bin sicher, dass 1941 und in den Jahren danach Tausende Säuglinge die gleichen Lektionen gelernt haben wie ich. Aber als ich größer wurde, setzte eine verhängnisvolle Entwicklung ein, die zunächst mit meiner Familie und dann auch mit mir selbst zu tun hatte. Zu den Eigentümlichkeiten in unserer Familie gehörte es, dass mein Vater in erster Linie Mahlzeiten und Essensfragen als Schauplatz seiner Autorität über uns Kinder benutzte. In seiner Gegenwart zu essen war immer eine furchteinflößende Angelegenheit. Er bejahte offensichtlich die Theorie, dass es möglichst wenig Verbindung zwischen dem natürlichen Hungergefühl eines Kindes und seiner Nahrungsaufnahme geben sollte, die schon meine früheste Kindheit bestimmt hatte. Mein Bruder und ich mussten essen, was und wann es uns vorgesetzt wurde. Nachtisch gab es als Belohnung für einen ohne Murren leergegessenen Teller. Freche Antworten, Ungehorsam, eine schlechte Zensur, Würgen an fettem Fleisch (mein Vater betrachtete das Essen von Fetträndern als eine Art Charakterprüfung) oder die Unfähigkeit, etwas herunter zu zwingen, wovon uns schlecht wurde, zogen die demütigende Strafe nach sich, am Tisch sitzen bleiben und zusehen zu müssen, wie die anderen ihren Nachtisch verspeisten.

Ich nehme an, dass das alles nicht so schlimm gewesen wäre, wenn es da in meinem persönlichen Verhältnis zum Essen nicht noch einen weiteren eigenartigen Kreislauf gegeben hätte, den ich vor meinen Eltern sorgsam verbarg. In der Grundschule stellte er sich wie folgt dar: Ich fühlte mich derart unglücklich und hatte einen solchen Horror davor, schlechte Zensuren zu schreiben und mir dafür unbeschreiblichen Ärger mit meinem Vater einzuhandeln, dass ich kaum Schlaf fand. Jeden Morgen wachte ich um fünf Uhr oder noch früher auf und war außer mir vor Hunger und Angst. Bis endlich die Zeit fürs Frühstück heranrückte, war mir dermaßen schlecht vor Hunger und Furcht, dass ich nichts mehr essen konnte. Ich erinnere mich, wie ich dann zur Schule ging und ab halb zehn nicht mehr in der Lage war, aufzupassen oder irgend etwas zu lernen, weil ich vor lauter Hunger keinen klaren Gedanken mehr fassen konnte. Aber bis zum Ende des Vormittags gab es nichts zu essen. In der Mittagszeit warf ich mein Schulbrot ungegessen weg, denn vor lauter Hunger, Verwirrung, schlechtem Gewissen und Angst konnte ich nicht mehr schlucken. Nach der Schule kam ich völlig fertig und erschöpft nach Hause. Da meine Mutter natürlich davon ausging, dass ich den ganzen Tag über normal gegessen hatte und mir den Appetit fürs Abendessen erhalten wollte, bot sie mir lediglich eine Kleinigkeit an – zwei Kekse und ein Glas Milch oder einen Apfel.

Besser als mir lieb ist erinnere ich mich an den unbändigen Hunger, mit dem ich mich jeweils an den Abendbrottisch setzte. Ich wusste genau, dass dieser offenkundige, unkontrollierte Hunger in den Augen meiner Mutter ein Ausdruck von Gier war und sie regelmäßig zur Verzweiflung brachte. Aus mir sollte doch eine Dame werden. Und von Damen wurde in der ländlichen Umgebung von Kentucky, in der ihre Familie lebte, erwartet, dass sie ausgezeichnete Köchinnen waren, aber kaum Interesse am Essen selber zeigten. Doch das war es nicht allein. Mein Appetit kam für sie einem Verrat gleich, der alle ihre Bemühungen zunichte machte und dafür die ihrer Meinung nach schreckliche Handschrift der städtischen Familie meines Vaters trug. „Sieh dich doch an“, sagte sie dann und erinnerte mich einmal mehr an die Geschichte des selbstgebackenen Schokoladenkuchens, den Vaters Schwester, meine Tante, einmal auf einen Schlag verspeist hatte. „Du bist genau wie deine Tante Ree!“

O meine Freundin, alles, was mit Essen zu tun hat, war in meiner Kindheit ein überaus schwieriges Thema und sehr eng und untrennbar verwoben mit Dingen, die ich schon im Säuglingsalter zu erlernen begann, nämlich die Signale meines Körpers zu missachten und zu akzeptieren, dass die Erwachsenen in meinem Leben darüber bestimmten, was er brauchte, was er tun und wie er sein sollte. An diesem Punkt angelangt, wünschte ich mir nichts sehnlicher, als diesen Gebetsprozess abzubrechen.

Bei nochmaligem Nachdenken über alles schien es mir, dass körperliche Inaktivität eine der ersten und wichtigsten Sachen war, die ich mir als Kind selbst beibringen musste, um eine Daseinsberechtigung zu haben. Als ich ganz klein war, lebte ich mit meinen Eltern bei meiner Großmutter. Später wohnten wir in einem Doppelhaus und während der Grundschulzeit in einer kleinen Wohnung. Viel Platz für den natürlichen kindlichen Bewegungsdrang gab es nirgends. Außerdem war mein Vater sowieso nicht bereit, meinen Bewegungsdrang oder meinen Lärm zu dulden. Als ich klein war, passierte es fast täglich, dass er keine zehn Minuten von der Arbeit zurück war, bis er in seinem autoritären Tonfall („Du kannst sagen, was du willst, es interessiert mich gar nicht!“) die Stimme erhob und loslegte: „Ich habe dir schon einmal gesagt, dass du in der Wohnung nicht rennen sollst. Jetzt gehst du in dein Zimmer, setzt dich hin und bist ruhig, bis ich dir sage, dass du wieder herauskommen darfst.“

Ich weiß nicht mehr genau, in welchem Alter meine Eltern, besonders meine Mutter, dem, was sie mir über meinen Körper sagten, noch ein neues Element hinzufügten. Ich erinnere mich an einen konkreten Vorfall, der sich an einem regnerischen Herbstwochenende bei uns zu Hause abspielte, als ich ungefähr sieben war. Ich hatte mich ins Wohnzimmer gelümmelt, ein Bein auf die Sofalehne gelegt und las, während meine Eltern sich zu ihrem sonntäglichen Mittagsschlaf zurückgezogen hatten. Ich hörte meinen Vater im Bad rumoren, war aber, als er das Wohnzimmer betrat, nicht darauf gefasst. Von meinem Buch aufblickend stellte ich fest, dass er mich betrachtete und seinen Mund verärgert und angewidert zusammenkniff.

„Sieh dich an!“, sagte er zu mir. Dann rief er nach meiner Mutter im Schlafzimmer „Mary, komm mal her und sieh dir deine Tochter an.“ Ich weiß noch, wie mir die Röte ins Gesicht schoss und ich voll Scham und Angst an mir heruntersah. Ich lag doch nur da und las. Was hatte ich denn jetzt schon wieder falsch gemacht? Was war so provozierend für meinen Vater?

Inzwischen eilte meine Mutter herbei. „Jetzt sieh dir deine Tochter an“, sagte er zu ihr. „Bring ihr doch um Gottes willen etwas bei!“ Durch seine Kritik in Verlegenheit gebracht, die sich indirekt genauso gegen sie richtete wie gegen mich, sah sie, was ihm aufgefallen war. „Um Himmels willen“, herrschte sie mich an, und Wut und Scham klangen aus ihrer Stimme, „zieh den Rock runter und setz dich aufrecht hin. Kannst du denn nicht endlich lernen, dich wie eine Dame zu benehmen? Es ist gar nicht auszudenken, was passieren kann, wenn du es nicht lernst!“

Bis zu diesem Moment rätselte ich, was ich wohl verbrochen hatte. Jetzt verstand ich gar nichts mehr. Ja, mein Rock war hochgerutscht und hatte sich um meine Hüfte geschlungen (außer Leggings für den Winter gab es damals keinerlei Hosen oder Jeans für kleine Mädchen), aber was war daran so schlimm? Wodurch hatte ich meine Eltern veranlasst, jetzt noch weiterzugehen und mich nicht nur in meiner körperlichen Bewegungsfreiheit einzuschränken, sondern an meinem Benehmen sogar dann etwas Schändliches und Gefährliches zu finden, wenn ich physisch inaktiv war? Ich wagte nicht zu fragen, aber mir war klar, wenn ich nicht lernte, auf meinen Körper zu achten, begab ich mich in eine Gefahr, die weit über den Horizont meiner Familie hinausreichte.

So wie ich mich bemüht hatte, die Hungersignale meines Körpers möglichst gut ignorieren zu lernen, strengte ich mich jetzt an, meinen Körper so klein, unbedrohlich und unbeweglich wie möglich zu halten. Ich weiß aber noch, dass ich nie wirklich verstanden habe, durch welches Vergehen meines Körpers dies eigentlich erforderlich geworden war und ob sich etwas dagegen unternehmen ließ. Ab und zu wurde es meiner Mutter zu viel, wenn ich nach der Schule immer nur lesend zu Hause herumhing und sie schickte mich gegen meinen Willen nach draußen zum Spielen. Dort erlebte ich am eigenen Leib die Verbindung zwischen den unbegründet gebliebenen Anweisungen meiner Eltern und dem Verhalten der stärkeren Jungs, die Cowboy und Indianer spielten, mich auslachten und mir den Arm auf den Rücken drehten, mit mir hinter den Wohnblock rannten und mich dort meinem Schicksal überließen, nachdem sie mir die Arme an den Körper gepresst und mich an einen Baum gefesselt hatten. Es geschah, weil ich einen Mädchenkörper hatte, einen Körper, der nichts galt und der gerade deswegen verachtet wurde, weil es Mädchen nicht erlaubt war, ihren Körper frei zu bewegen oder sich selber aktiv zur Wehr zu setzen.

„Aber Roberta, wie bist du denn mit all diesen Fragen rund um Essen und deinen Körper umgegangen?", höre ich dich jetzt fragen. „Du hast dich doch bestimmt nicht einfach gefügt und alles akzeptiert?"

Ich muss dir leider gestehen, dass ich bis zum Ende der Grundschule im Wesentlichen genau das getan habe. Ich habe zwar Süßigkeiten gemopst, wenn sich die Gelegenheit bot, aber es wäre wohl übertrieben, dies als einen Akt der Auflehnung zu bezeichnen. Zu Weihnachten bekam meine Mutter von meiner Stiefgroßmutter einmal eine riesige Pralinenschachtel mit fünf Kilo Inhalt geschenkt. Die Schachtel stand wochenlang auf dem alten Schrank im Wohnzimmer herum und ich ließ fast täglich ein paar von den Pralinen verschwinden. Ihr zarter Schmelz liegt mir immer noch auf der Zunge, auch die beruhigende Wirkung auf meinen schmerzenden Magen ist mir unvergesslich. Aber ich hatte ein derart schlechtes Gewissen dabei, dass sich der Diebstahl kaum lohnte.

Ich hatte Phantasien, in denen ich mich absolut frei bewegen konnte, sehr intensive sogar. Es gab Zeiten, in denen ich fast jede Nacht davon träumte, eine Möglichkeit entdeckt zu haben, wie ich nur mit Hilfe einer speziellen Atemtechnik und dem Spiel meiner Muskeln vom Boden abheben und fliegen konnte. In jenen Nächten stieg ich vollkommen frei und glückselig unaufhaltsam höher und flog über Wiesen, Tiere und Menschen hinweg. Ich erinnere mich noch an das wundervolle Gefühl, meine Beinmuskeln anzuspannen und dann weich und kraftvoll hochzuspringen. Ich glaube, diese Flugträume waren die einzigen Gelegenheiten, bei denen ich als Kind meine Muskeln jemals positiv gespürt habe. Später wurden diese Flugträume seltener, aber ich war weit über vierzig, bis sie schließlich ganz aufhörten.

Allerdings spielten sich meine Phantasien nicht alle nur nachts ab. Ich erinnere mich an den Vertreter einer örtlichen Tanzschule, der uns einmal im Hebst aufsuchte, um Mädchen für den Ballettunterricht anzuwerben. Er sprach mit meiner Mutter. Meine Mutter zeigte sich interessiert; ich war außer mir vor Begeisterung. In den zwei oder drei Tagen bevor sie mit meinem Vater darüber sprach, der die Teilnahme natürlich untersagte, stellte ich mir immer wieder vor, wie es sich anfühlen musste, leichtfüßig in die Höhe zu springen, in flinken Pirouetten die Konturen meines Körpers verschwimmen zu lassen oder mich aus der Hocke zusammengekauert aufzurichten und Kopf und Nacken dem Himmel entgegen zu strecken.

Aber die alltägliche Realität sah ganz anders aus. All die negativen Dinge, die ich dir über meinen Körper, meine eigene Wahrnehmung desselben und das Anliegen, eine „Dame" zu werden, berichtet habe, wurden immer schlimmer, je älter ich wurde. Ich glaube, der Höhepunkt war in der sechsten Klasse bei Frau Evans erreicht, ein Jahr vor der Scheidung meiner Eltern. Sie oder George Whitefield, der gemeinste Junge der ganzen Klasse, brauchten mich nur anzusehen und schon begann ich am ganzen Körper so stark zu zittern, dass mir der Stift aus der Hand fiel und unwiederbringlich unter die Heizung rollte.

Nach diesem Jahr ließen sich meine Eltern scheiden, und weil meine Mutter leergegessenen Tellern und der Notwendigkeit, zur Stärkung des Charakters auch Ekelerregendes herunterzuschlucken, weniger Bedeutung beimaß, sank der Druck beim Essen am Familientisch erheblich. Bis zum Ende meiner Schulzeit aß ich zwar manches, was meine Symptome, die jetzt als Hypoglykämie diagnostiziert worden sind, verschlimmerte, konnte aber meine panische Angst abbauen, nicht zu dem Zeitpunkt etwas essen zu können, zu dem ich es brauchte, da nicht mehr kontrolliert wurde, was ich zwischendurch aß.

Das heißt aber nicht, dass sich meine Essprobleme damit erledigt hätten. Meine Mutter hatte einen Farmer zum Vater, den die Kaugeräusche seiner Familie bisweilen so sehr anwiderten, dass er die gemeinsame Mahlzeit verlassen musste. Meine Mutter war immer noch zutiefst davon überzeugt, dass Damen nicht mehr als ein minimales, unanimalisches Interesse an dem zeigen durften, was sie aßen. Kein Wunder, dass ich damals das Gefühl hatte, mein unstillbarer Appetit besonders auf Süßes bereite ihr größten Kummer. Als ich zwölf war, holte mich die große amerikanische Manie um Gewicht, Kleidung und Frauenkörper ein und ich fühlte mich selbst abgestoßen und schämte mich meines ständigen Hungers.

In meinen Jugendjahren gesellte sich ein neues Element zu der ganzen Mixtur an Problemen um Essen und Körperlichkeit hinzu. Als geschiedener Frau fehlte meiner Mutter der Mann an ihrer Seite, ohne den eine Frau nach Meinung der Leute in den fünfziger Jahren nicht überleben konnte. Sie mühte sich Tag und Nacht, investierte ihre ganze geistige und körperliche Kraft, um uns durchzubringen und uns ein Heim zu schaffen. In ihrer Angst, mir könnte möglicherweise gleichfalls eine männerlose Zukunft bevorstehen, drängte sie täglich darauf, ich müsste körperlich aktiver werden. Ich sollte aufhören, so bequem zu sein und lernen, hart zu arbeiten.

Damals war ihr Drängen nur sehr bedingt erfolgreich. Sobald ich alt genug war, suchte ich mir einen Job und verkaufte Modeschmuck in einem Kaufhaus. Es gab nichts anderes, was ich hätte tun können. Ich war erschöpft durch meine Dauerdepression und den durch die Hypoglykämie verursachten Hunger, der mir jeden Tag Phasen geistiger Verwirrtheit und physischer Schwäche bescherte. Außerdem führten meine Ansichten über Weiblichkeit, die mir in der Kindheit vermittelt und durch die Kultur der fünfziger Jahre bestätigt und verstärkt worden waren, mittlerweile ein Eigenleben. Ich ließ mich fesseln von Zeitschriftenartikeln männlicher Psychologen, die erklärten, das Glück der Frau hänge von ihrer Fähigkeit ab, passive Empfängerin männlicher Aktivität zu sein. In denselben Zeitschriften faszinierten mich Bilder, die hilflose feminine Frauen zeigten und hyperschlanke langhaarige Damen, die auf hochhackigen Schuhen die Toilette reinigten oder ohnmächtig in die Arme eines gutaussehenden Mannes im Hintergrund sanken. Ob nun mein zukünftiges Glück davon abhing, dass ich das alles glaubte oder nicht, meine soziale Anerkennung tat es in jedem Fall. Und wenn ich meinen Vater nicht hassen wollte, führte sowieso kein Weg daran vorbei, es zu glauben.

Der Preis war hoch und die Münze, mit der ich mir den Glauben daran erkaufte, von einer ganz anderen Währung als die versprochene Erfüllung. Als ich einmal in Schlabberhose und Flanellpullover die Bardstown Road hinunterging, erfuhr ich die Demütigung einer ganzen Gruppe junger Männer, die sich aus den Fenstern ihres zweifarbigen Chevrolet Bel Air beugten, mir zuhupten und nach mir pfiffen wie ein Bauer nach seinen Schweinen. Mein Körper hatte längst verlernt, ohne Hemmungen Beine oder Arme zu bewegen oder auch nur zu sitzen. Ich wollte unsichtbar sein, jede kleinste Bewegung kontrollieren, so unbeweglich und unnahbar sein wie ein Stein. Von da an merkte ich, dass nicht einmal das Atmen mehr natürlich erschien.

O meine Freundin, es war unbeschreiblich schwer, in der ersten Woche nach der Diagnose all diese Dinge aus meiner Kindheit im Gebet nochmals zu durchleben und anzuschauen. Dagegen waren die Tage danach und bevor ich mich der Frage stellte, wie ich denn nun mit all dem umgehen sollte, verhältnismäßig einfach. Ich versuchte zunächst sehr konzentriert, meine Erfahrungen als Erwachsene mit Essen und meinem Körper genauer unter die Lupe zu nehmen.

Es machte mir dabei weniger aus, als ich gedacht hätte, mich zum Beispiel daran zu erinnern, wie ich in meiner ersten Ehe während des Studiums an College, Seminar und Universität abends vor Hunger regelmäßig so geschwächt war, dass ich es kaum schaffte, mich hinzustellen und zu kochen, wenn ich zu lange damit gewartet hatte. Allerdings tat der Gedanke daran entsetzlich weh, dass sowohl mein Mann als auch ich dies als Zeichen von Trägheit und Verantwortungslosigkeit interpretiert hatten, anstatt nach einer Lösung zu suchen, die zum Beispiel in einer kleinen Zwischenmahlzeit oder einer Veränderung der Essenszeit hätte bestehen können. Ich hatte schon oft darüber gerätselt, warum ich an der Universität täglich die Erfahrung gemacht hatte, von der zweiten Hälfte des Vormittags bis in den späten Nachmittag hinein zu keiner Denkarbeit fähig zu sein. Ich hatte damals geglaubt, geistig zurückgeblieben oder sogar krank zu sein. Immer noch schmerzhaft war auch die Erinnerung an einen Abend im ersten Jahr meines Oxfordaufenthaltes, als ich mich bei einer Beatles-Party endlich einmal auf die Tanzfläche wagte und eine Freundin sich daraufhin über meine ruckartigen und unbeholfenen Bewegungen lustig machte.

Nach einigen Tagen Gebetszeit in meinem roten Sessel fielen mir relativ emotionslos meine Anfänge als Dozentin ein, als die Dissertation noch nicht abgeschlossen, aber Anna Grace schon geboren war. Damals bestand meine einzige Überlebenschance in der Fähigkeit, die Erschöpfungssignale meines Körpers zu ignorieren und ich hatte daher die Einstellung meiner Mutter übernommen, Frauen mit Familie müssten lernen, bis zum Umfallen zu arbeiten. Trotz Hypoglykämie und Depression war ich pausenlos und ohne jegliche Unterstützung mit akademischer Arbeit und Haushalt beschäftigt. Der Gedanke an jene drei Jahre, in denen ich jede Nacht mindestens zweimal aufstehen musste, machte mir nicht allzu viel aus. Fast unerträglich war aber die Erinnerung daran, dass mehr noch als mein Mann andere Leute der Meinung waren, nicht nur der Körper einer Frau, sondern auch all ihre Energie sei unbestrittenes Eigentum ihres Ehemannes. In ihren Augen vernachlässigte ich durch die Arbeit in Lehre und Forschung während der letzten Jahre unserer Ehe meine Pflicht und versagte als Ehefrau.

Dann, meine Freundin, folgte eine Phase, in der die Arbeit wieder schwieriger wurde. Ich dachte über meine ersten Jahre als Dozentin nach. Es kostete mich viel Kraft, die Erinnerung daran zu ertragen, dass ich die Ansicht vieler Akademikerinnen und Akademiker in den siebziger Jahren geteilt hatte, die einzige Chance für Frauen, als Wissenschaftlerinnen ernst genommen zu werden, liege im Bemühen darum, ihren männlichen Kollegen sexuell attraktiv zu erscheinen. Ich weiß noch, wie hilflos ich mich bei der gleichzeitigen Erkenntnis fühlte, dass dieselben Kollegen jederzeit beschließen konnten, gerade die sexuelle Attraktivität als Grund dafür ins Feld zu führen, meine Aussagen als Frau abzuwerten.

Aber es waren nicht alle Erinnerungen an jene Zeit schrecklich und manches davon sollte sich als hilfreich für die nächsten Schritte in meinem Prozess erweisen. Ich dachte an meine Schwangerschaften mit Anna Grace und Benjamin zurück und daran, wie unerklärlich stark ich meinen Körper während der Geburten erlebt hatte. Wenn ich mir die kleinen runden Köpfe an meiner Brust vor Augen führte, spürte ich meine damalige Freude und das erhebende Gefühl wieder, ein anderes menschliches Wesen mit der Milch meines eigenen Körpers ernähren zu können. Es war die einzige Zeit meines Lebens, in der ich Stolz und Wohlwollen und keine Scham für meinen Körper empfand, und es half mir sehr, mich daran zu erinnern.

Solch gute Erinnerungen führten mich schließlich dazu, auch meine aktuelle Situation im Gebet zu bedenken. Die schwierigen Bedingungen meiner früheren Lehrtätigkeit an anderer Stelle gehörten der Vergangenheit an. Ich war an Leib und Seele glücklich verheiratet mit Richard. Vor ein paar Jahren hatte ich den Entschluss gefasst, von nun an wieder selbst über meinen Körper zu bestimmen, und das war gut so. Er sollte Substanz haben und sich nicht mehr den gängigen Urteilskriterien über den Körper einer Frau unterwerfen. Da ich keine Lust mehr verspürte, ständig zu hungern, gestattete ich mir zu essen, was ich wollte.

So weit so gut, aber ich hatte dadurch weder die Lösung der Probleme, mit denen ich mich derzeit beschäftigte, gefunden, noch war die feindselige Wand zwischen mir und meinem Körper zum Einsturz gebracht worden. Ich aß, worauf ich Lust hatte, und gewann dabei an Substanz, sprich Gewicht, aber mein Sinn stand mir nicht nach dem, was meiner Gesundheit zuträglich gewesen wäre, meinen Appetit gesättigt oder mir zur Stärkung gereicht hätte. Außerdem wusste ich trotz aller anderer Errungenschaften immer noch nicht, wie ich beim Gehen die Arme natürlich schwingen lassen oder mich nach einem Buch auf dem Boden bücken sollte, ohne dabei ruckartige steife Bewegungen zu machen und verlegen zu werden.

Nach zehn anstrengenden Tagen schloss ich das Herumwühlen in meiner Vergangenheit und Gegenwart und deren Bewertung endlich ab. Ich wusste genug über die Probleme, mit denen ich es hier zu tun hatte, um sie in mein Gebet hineinnehmen zu können. Am greifbarsten war die Hypoglykämie. Ich musste lernen, Hunger zu ertragen, ohne in Panik zu geraten oder mich dafür zu schämen und dann das Richtige zu essen, um ihn zu stillen. Verwoben mit der Frage nach dem Umgang mit meinem Appetit stellte sich allerdings auch die größere Frage nach meinem Verhältnis zu meinem Körper allgemein. Hier sah ich die vordringlichste Aufgabe darin, die Signale meines Körpers beachten zu lernen und zu hoffen, dass ich auf diesem Weg zu meiner wahren Körperlichkeit als Mensch aus Fleisch und Blut finden könnte.

Wie sollte ich diese beiden Problembereiche im Gebet und darüber hinaus anpacken? Die Antwort im Blick auf den ersten Bereich erschien ziemlich einfach und schmerzlos. Ich musste mich über Hypoglykämie informieren und herausfinden, welche Nahrungsmittel in welcher Zusammensetzung und zu welcher Tageszeit für zuträglich oder unzuträglich galten. Ich musste lernen, die physischen Signale wahrzunehmen, die mein Körper aussendete, bevor mich der quälende Hunger packte. Anstatt dass ich panisch reagierte und meinen Hunger zu meistern versuchte, indem ich mir seine Unrechtmäßigkeit einredete und dann einen geistigen und physischen Zusammenbruch erlebte, musste ich einfach gegen meine falschen Gewissensbisse angehen und mich zum Essen zwingen. All dies wollte ich in der Hoffnung darauf tun, dass der Autor der *Fünfzig geistlichen Homilien des Makarius* aus dem 5. Jahrhundert Recht hatte, wenn er über die Entwicklung der Tugenden sagte, was als schmerzhafte Willensanstrengung beginne, werde durch Übung zunächst zur Gewohnheit und schließlich zur Wesensart. Grundlage meiner Arbeit sollte sein, einen Teil meiner täglichen Gebetszeit dazu zu nutzen, mit Gottes Hilfe möglichst viele biblische Bilder zu finden und einzubeziehen, die mir eine Stütze für mein Gebet sein konnten. Außerdem nahm ich mir vor, jeden Tag die Worte „unser tägliches Brot gib uns heute" aus dem Vaterunser mit besonderer Sorgfalt und Aufmerksamkeit zu beten.

Meine Lösung für den zweiten Problembereich, in dem es darum ging, als menschliches Wesen aus Fleisch und Blut leben zu lernen, fiel radikaler aus. Ich würde vorübergehend die Grundform meines Gebetes, wie ich sie über Jahre hinweg entwickelt hatte, aufgeben müssen. Sie war mir in der Vergangenheit sehr zugute gekommen und hatte mir sowohl geistlich als auch psychologisch gesehen Leben gebracht. Da sie aber auf stiller Meditation basierte, erforderte sie körperliche Inaktivität und das stand dem genau entgegen, was ich nun für die Heilung des Grabens zwischen meinem Körper und meinem übrigen Selbst brauchte. Ich musste mir eine neue Art des Betens erarbeiten, das physische, geistliche und geistige Aspekte, Seele und Leib, einbezog.

O meine Freundin, wie leicht war es, diese Entscheidung zu treffen und wie angstbesetzt war ihr Vollzug! Wie konnte ich aufgeben, was mir vertraut war? Die Gebetsform, die ich über Jahre hinweg von meinen Gelehrten aus der Alten Kirche übernommen hatte, verlieh meinem Leben einen tragenden Grund; diese Gebete waren mir Trost, Dorn im Fleisch und Quelle meines Heilwerdens. Und genauso wichtig: Wie konnte ich, nachdem ich mein Leben lang eingeübt hatte, meinem Körper zu misstrauen, ihm jetzt ausgerechnet mein Beten anvertrauen?

Zwei Dinge ermutigten mich dazu, meinen Entschluss in die Tat umzusetzen. Zunächst war da Richard mit seiner Erfahrung. Drei Jahre zuvor hatte er eine Lebenskrise durchgemacht. Im Zusammenhang mit einer anstehenden beruflichen Neuorientierung musste er Entscheidungen treffen, die ihn sehr belasteten. Gleichzeitig verließ uns Benjamin, um sein Collegestudium aufzunehmen. Von Anbeginn unserer Ehe hatte Richard den Kindern all seine Liebe und Zuwendung geschenkt. Besonders Benjamin, der jüngere von beiden, weckte in seinem Stiefvater das Gefühl, dass sein Leben einen Sinn und Bodenhaftung habe. Dieser Lebensabschnitt ging für Richard nun zu Ende.

Im Nachdenken darüber, ob es einen Zusammenhang zwischen seinen beruflichen Ängsten und dem Verlust seiner Elternrolle in der bisherigen Form geben könnte, stieß er auf eine Empfindung, die er als Schwerelosigkeit und eine Art physisches und psychisches Abgehobensein vom Boden beschrieb. Er kam zum Entschluss, was er für sich selbst brauche, sei Gewichtheben, um sich über den Körper der Wirkung des Geistes wieder zu öffnen. Ich muss dir leider gestehen, meine Freundin, dass ich damals – gelinde ausgedrückt – skeptisch war, mich von Richard aber sehr schnell eines Besseren belehren lassen musste. Die körperliche Anstrengung und die Koordination, die die Bewegung und Belastung seiner Muskeln erforderten, erwiesen sich als genau der richtige Weg, um ihn auf eine neue Weise in sich selbst, in der Welt und in Gott zu gründen. Deshalb vermochte Richard mich nun in seiner liebevollen Art zu ermutigen, das Risiko einzugehen und für mich selbst etwas Ähnliches auszuprobieren.

Witzigerweise kam die zweite Hilfestellung zum Verlassen der vertrauten Gebetsform, wie ich sie von den ersten Mönchen gelernt hatte, aus einer näheren Betrachtung ihres Betens selbst. Dem *Leben des Antonius* (er galt als ältester Gelehrter des ägyptischen Mönchtums) hatte ich entnommen, dass von Anfang an die Wiederherstellung und Heilung des Bildes Gottes in ihrem Innern zu den Hauptanliegen ihres Gebetes gehörte.[21] Ihre Aussagen über die Instandsetzung der geistlichen und psychischen Komponenten der

[21] Im Leben des Antonius beschreibt Athanasius, wie Antonius nach langen Jahren, die er als Asket in einer verlassenen Festung in der Wüste verbracht hatte, bei seiner Rückkehr „weder zu dick noch zu dünn“ war und sich vollkommener physischer und psychischer Gesundheit erfreute, so wie Adam vor dem Fall.

Ebenbildlichkeit waren mir in der Vergangenheit bereits unendlich hilfreich gewesen. Aber auf dem Hintergrund meiner eigenen, den Körper und die Seele trennenden Voreingenommenheit des zwanzigsten Jahrhunderts hatte ich mir von den reichlich fremden und bizarren Formen ihrer asketischen Praktiken den Blick dafür trüben lassen, dass sie ihren Körper als wichtigen Teil ihrer Ebenbildlichkeit betrachteten, der ebenfalls der Instandsetzung bedurfte. Aus diesem Grund war mir bisher entgangen, was ich von ihnen zum Thema Körper und Gebet hätte lernen können, wenn ich schon früher darauf geachtet hätte.

Nun war ich zum ersten Mal in der Lage zu hören, wie meine alten, vertrauenswürdigen Gelehrten mir sagten, mein Körper gehöre genauso zu mir wie mein Herz und mein Geist und ich solle keinen Teil meiner Persönlichkeit aus dem Gebet ausklammern. Ich konnte mir ihr grundsätzliches Ziel der Wiederherstellung des Körpers aneignen, ohne ihre Methoden anzuwenden, die teilweise wirklich eher das Gegenteil bewirkten. Ich musste zum Beispiel nicht ihre Gewohnheit übernehmen, mit ausgestreckten Armen im Stehen zu beten, konnte aber eine Gebetshaltung finden, die den Gebrauch meiner Arme und Beine einschloss. Ich musste meinen Rücken auch nicht über tausendmal am Tag so beugen, dass ich mit den Händen die Füße berührte, wie ein Heiliger das beim Beten tat[22], aber ich konnte eigene Formen entwickeln, mich zu beugen und zu strecken und mich dadurch körperlich anzustrengen, wenn ich betete.

„Wir haben dich noch nie enttäuscht", drängten sie mich jetzt. „Geh das Wagnis ein und probier es aus", und ich tat es. In der zweiten Maihälfte begann und schloss ich meine Gebetszeit so wie ich es immer getan hatte damit, dass ich meinen Körper mit dem alten Zeichen des Kreuzes segnete. Ich sagte Gott, dass ich lernen wollte, in meinem mir von Gott geschenkten Körper zu leben und auf ihn zu hören und dass ich dazu auf Gottes Hilfe angewiesen sei. Dann trat ich erst zehn Minuten, später eine Viertelstunde in der Gegen-

---

22 Vgl. die Lebensbeschreibung des Styliten Daniel.

wart Gottes in die Pedale des Heimtrainers, den Richard für mich gekauft hatte, und das war mein Gebet.

Nach zwei Wochen hatte ich so viel Selbstvertrauen und körperliche Kraft gewonnen, dass ich bereit war, zusätzlich zum Heimtrainer weitere Übungen in Angriff zu nehmen. Ich ließ mir von Richard Liegestütz, Kniebeuge und Aufsitzen aus der Rückenlage zeigen. Dem klaren Rat meiner gelehrten Mönche folgend, die ihre Schüler und Schülerinnen immer dazu ermahnten, klein zu beginnen, wenn sie wirklich durchhalten wollten, was sie sich vornahmen, absolvierte ich zunächst jede Übung nur einmal und gönnte mir dazwischen auf dem Boden ausgestreckt eine ausgiebige Pause.

Allerdings waren diese neuen Übungen wesentlich anstrengender als der Heimtrainer. Meine Arme zitterten und taten weh, Nacken und Schultern brannten wie Feuer, wenn ich mich vom Boden hochstemmte. In meinen Schenkeln und Waden zog es und beim Versuch, in die Knie zu gehen und mich wieder aufzurichten, verlor ich beinahe das Gleichgewicht. Meine Bauchmuskeln waren so schwach, dass ich es kaum schaffte, mich wenigstens einmal aus der Rückenlage aufzurichten. Es war wirklich harte Arbeit. Keine Haltung, die ich einnehmen musste, keine Atmung, keine Bewegung, rein gar nichts fühlte sich für meinen Körper irgendwie natürlich an.

Das war aber nicht der einzige Grund, aus dem mir die Arbeit anfänglich schwer fiel. Es war vorherzusehen gewesen, dass in der schwierigen Phase, in der ich diese neuen Bewegungsabläufe einüben musste, auch all die alten Ängste, die Scham und die Panik im Blick auf meinen Körper wieder hochkommen würden und mit ihnen zusammen tauchten auch viele schon vergessene Erinnerungen wieder auf.

Zwischen mittlerweile zwei Kniebeugen und zweimaligem Aufrichten aus der Rückenlage fiel mir beispielsweise ein, wie wir in der zweiten Klasse zum ersten Mal von unserer Lehrerin in die Turnhalle geführt worden waren. Wir mussten einen Fitnesstest absolvieren. Der Test bestand lediglich daraus, dass wir alle fünf Kniebeugen machen mussten, deren Qualität beurteilt wurde. Schon allein die Vorstellung, dass alle anderen Kinder und die Lehrerin mir dabei zuschauen würden, löste panische Angst in mir aus. Als ich an der Reihe war, hatte ich einen trockenen Mund und schweißnasse Hände, übte blindlings Druck auf meine Beine aus und erntete von allen mit Ausnahme der Lehrerin johlendes Gelächter. Unseligerweise hatte ich meine Knie nicht nach vorne gebeugt, sondern nach hinten durchgedrückt. Dadurch gab es in der Schule einmal mehr ein Problem für mich.

Aber ich verbrachte eigentlich nur einen sehr geringen Teil der Ruhephasen auf dem Boden damit, Erinnerungen, die meine Muskeln aus meinem Körper gequetscht hatten, einfach passiv nachzuerleben. Eher geschah es, dass Erinnerungen und körperliche Empfindungen, bisweilen sehr gemächlich, manchmal ganz stürmisch, in ein ungeordnetes, aber über die Maßen fruchtbares Gespräch mit biblischen Bildern und Texten traten, die mir aus meinen täglichen Gebetszeiten sehr vertraut waren, mit Aussprüchen meiner Gelehrten aus dem alten Mönchtum und mit theologischen Lehrsätzen der Alten Kirche, die ich seit langem unterrichtete.

Ich will dir an einem Beispiel verdeutlichen, wie so etwas ablief. Eines Tages, als ich langsam daran zweifelte, dass ich je lernen würde, so zu atmen, wie es das korrekte Aufrichten aus der Rückenlage erfordert, erinnerte ich mich an eine peinliche Flötenstunde in meiner Jugend. Es wollte mir absolut nicht gelingen, korrekt zu atmen, so dass meine Lehrerin mich schließlich anwies, in Rückenlage auf den Boden zu liegen und es dann zu versuchen. Aber ich war immer noch unfähig, meine Hemmungen so weit zu überwinden, um meine Lehrerin zufriedenzustellen.

Als ich jetzt auf dem Boden lag, kam es mir vor, als hätte ich mich nicht nur nie in meinem Leben natürlich bewegt, sondern auch nie das Gefühl gehabt, dass es für mich etwas Normales sein könnte, tief oder natürlich zu atmen. Plötzlich stieg vor meinem inneren Auge all das auf, was ich brauchte, um aus diesem Denken herauszukommen – Erinnerungen, Gedanken, Gefühle, Theologie. Ich erinnerte mich daran, wie ich mich in meinem Studium mit dem „Geist Gottes“, der über den Wassern der Schöpfung in Genesis 1 brütet, auseinandergesetzt und fast als Erstes gelernt hatte, dass das hebräische Wort „Wind“, „Atem“ oder „Geist“ bedeuten kann. In einem Gedankensprung war ich dann bei einer Flötenstunde aus neuerer Zeit, in der meine Flötenlehrerin wieder versucht hatte, mir die Tiefatmung beizubringen. Schließlich fiel mir das Versprechen Jesu ein, er werde nach seinem Tod den Geist senden, und ich dachte darüber nach, welche Bedeutung das gewaltige Brausen hatte, das am ersten Pfingstfest den Raum erfüllte und über die Jünger und Jüngerinnen hinwegfegte.

Es waren vielleicht etwa zwei Minuten, in denen ich dort lag und all diese Bruchstücke durch meinen Kopf schwirrten. Danach wusste ich im tiefsten Innern, was alle anderen offenbar schon längst wussten: Wenn die Schrift selbst Gottes Geist mit Ausdrücken wie Atem, Wind und Luft beschreibt, dann ist es gut für mich, diesen Geist zu atmen. Als ich mich zwei Tage später aus der Rückenlage aufrichtete, erlebte ich, wie sich erst meine Kehle, dann mein Brustkorb und schließlich sogar der tiefste Bauchraum, der dies noch nie erlebt hatte, auf wundersame Weise mit Luft füllten. Und beim Ausströmen freute sich der Atem Gottes über jeden Muskel, trug meinen Körper sanft empor, ließ ihn wieder zurücksinken und fing an, ihn solide in dem Grund zu verwurzeln, auf dem ich lag.

Meine Freundin, so ist es bis heute die meiste Zeit geblieben. Nach und nach verlängerte ich die tägliche Zeit auf dem Heimtrainer auf vierzig Minuten pro Tag und entdeckte, dass sich das Training mit meiner früheren Gebetsform, die hauptsächlich aus Schriftmeditation und einer Art sich auf die Mitte besinnendes Gebet bestand, verbinden lässt.

Auch die Zahl meiner verschiedenen täglichen Dehn- und Kräftigungsübungen und wie oft ich sie wiederhole hat sich stetig erhöht. Zweimal pro Woche hänge ich noch eine Viertelstunde Gewichtheben dran und finde es jedes Mal wunderbar, das Spiel meiner Rücken- und Beinmuskulatur zu erleben. Ich spüre, wie sie kräftiger wird und atme tief im Rhythmus mit dem Anspannen und Dehnen meiner Arm- und Schultermuskulatur. Sogar der Schweiß, der in Strömen fließt, fühlt sich nach der langen Trennung von meinem Körper gut an.

Jeden Tag beschließe ich diese Zeit, indem ich auf dem Rücken am Boden liegend das Vaterunser so bete, wie ich es dir in meinem letzten Brief beschrieben habe. Das Nachdenken darüber hat mich stetig begleitet durch diesen Prozess und mir sehr geholfen! In meinem täglichen Bemühen, gegen die Panik anzukommen und dann zu essen, wenn ich es wirklich brauche, begleiten mich seine Worte bis auf den heutigen Tag. „Unser tägliches Brot gib uns heute" – gib uns, dem Kind, das ich einmal war, und der Erwachsenen, die ich jetzt bin, heute die Grundnahrung, die wir brauchen, um zu gedeihen. Ich habe es immer noch nötig zu beten „Dein Reich komme, dein Wille geschehe", damit ich die kärgliche Welt, die Gott meinem schlechten Gewissen zufolge für mich will, nicht mit der verschwenderischen Güte des Reiches Gottes verwechsle. Und bis jetzt werde ich, wenn ich es zulasse, von den letzten Worten dabei unterstützt und dazu ermutigt, zu erkennen, dass Gott die Kraft hat und diese auch angewandt hat, um mich in jenes Reich zu ziehen und mir Gottes Herrlichkeit zu zeigen, „denn das Reich und die Kraft und die Herrlichkeit" gehören wirklich Gott. Gott zeigt sie uns und gibt uns Anteil daran.

Dass mein Körper tatsächlich angefangen hat, stärker zu werden und dass ich zunehmend besser in der Lage bin, mich mit Kraft und Selbstvertrauen zu bewegen, aus der Rückenlage hochzukommen und mich hinunter gleiten zu lassen, mich zu bücken und zu strecken, erscheint mir wirklich als ein Wunder des Reiches Gottes.

Und ein noch größeres Wunder ist dies: Mein Leben lang hat die Kombination des ganzen Wustes um Essen und meinen Körper, von denen ich dir berichtet habe, so nachhaltig auf mich gewirkt, dass ich glaubte, keine Kontrolle über meinen Körper und seine Bedürfnisse ausüben zu können. Diese Erfahrung hat sich so weit auf den Rest meines Lebens übertragen, dass ich mich im Beruf und auch in persönlichen Beziehungen oft sogar in Situationen hilflos fühlte, in denen ich keineswegs hätte hilflos sein müssen, sofern ich mich dazu überwunden hätte, selbst zu handeln oder zu meiner Meinung zu stehen. Jetzt habe ich das Gefühl, dass mich durch diesen kombinierten Prozess von körperlicher Betätigung und Gebet das psychische Empfinden der Hilflosigkeit im selben Maß verlässt, wie ich fähiger werde, meinen Körper zu Anstrengung und Bewegungen zu bringen.

Aber trotz all der guten Dinge, die geschehen, möchte ich dir, liebe Freundin, nicht den Eindruck vermitteln, dass immer alles glatt gelaufen sei oder dass ich erwarte, es werde in Zukunft so sein. Ich stecke noch mitten in diesem Gebetsprozess drin. Und ich muss gestehen, es fällt mir schwerer als erwartet, ständig auf das zu achten, was mein Körper mir zu sagen versucht.

Im September hatte ich beispielsweise eine Phase, in der fast alles verloren ging. Nach der Sommerpause musste ich bisher immer sämtliche physischen und psychischen Kräfte aufbieten, um den ersten Monat des Vorlesungsbetriebs zu überstehen. Ohne auch nur einen Gedanken darüber zu verschwenden, stellte ich mich auch diesmal wieder auf diesen Stress ein, der anscheinend zu meinem Beruf gehörte. Aber schon in der ersten Woche stellte ich fest, dass ich durch mein Training und meine Diät über zehnmal so viel Energie verfügte wie sonst im Herbst üblich. Ich musste gar nicht mehr „bis zum Umfallen arbeiten“ wie früher. Doch anstatt diese Tatsache zu feiern, verschob ich, ohne mir dessen bewusst zu sein, genau dieses Verhaltensmuster einfach von einem Lebensbereich in einen anderen. Ich stemmte vier- bis fünfmal pro Woche Gewichte und beschloss, von jetzt an jedes Mal ein wenig mehr draufzulegen, bis ich mir sicher war, meine Fortschrittsmöglichkeiten voll ausgeschöpft zu haben.

Jedes Kind, das mich kennt, hätte genau voraussagen können, was dann geschah. Ich verordnete mir selbst, jeden Tag ein wenig mehr zu tun und redete mir dabei ständig ein, dass ich schon aufhören würde, wenn die Grenze erreicht wäre. Allerdings hatte ich diese

Entscheidung leider auf der Basis dessen gefällt, was ich von meinem Körper erwartete und nicht auf der Basis dessen, was ich ja eigentlich lernen wollte, nämlich auf ihn zu hören. Da ich also auf einer theoretischen Grundlage arbeitete und nicht wirklich auf meinen Körper hörte, merkte ich auch nicht, wann ich meine Grenze erreichte. Innerhalb von vier Wochen war ich am Schluss meines Trainings dermaßen erschöpft, dass ich kaum noch die Stufen zu meinem Büro erklimmen konnte. Wenn ich nachts im Bett lag, schlief ich wie eine Tote. Aber ich sah keinen Zusammenhang zwischen meiner Erschöpfung und meinem Training: Ich war so weit in die altvertraute Kategorie des „Du musst" zurückgefallen, dass ich das „Sieh mal, was du mit mir machst" meines Körpers nicht mehr vernahm.

Eines Tages wurde ich gewahr, dass ich mich körperlich mindestens so elend fühlte wie damals, als die Kinder ganz klein waren. Ich fragte Richard, ob er glaube, ich sei krank, oder ob er eine Idee habe, was sonst nicht in Ordnung sein könnte mit mir. Er hatte sich natürlich schon seine Gedanken gemacht. Nun schaute er die Tabellen an, die ich vor kurzem angelegt hatte (auf dem Hintergrund der tief verinnerlichten Auffassung, ich sei faul, schienen mir die armseligen Gewichte, die ich früher gehoben hatte, des Festhaltens nicht wert zu sein). Er war entsetzt und sagte mir, warum. Trotzdem brauchte er vier Tage, um mich in unzähligen Diskussionen mehr oder weniger liebenswürdig davon zu überzeugen, dass ich unter dem Vorwand, Fortschritte zu machen, psychologisch wieder genau dort angekommen war, wo ich im Mai angefangen hatte. Ich stemmte täglich ein Vielfaches des Gewichts, das mein Körper ohne Schaden hätte verkraften können.

Schließlich entschloss ich mich widerwillig, gegen meine Gefühle und gegen die Stimme meines Gewissens, die mir unaufhörlich eingeflüstert hatte, ich sei faul, Richards Urteil zu akzeptieren. Er hatte sich sehr ausführlich mit einigen Büchern befasst, in denen es um das Gewichtstraining für Leute über vierzig ging. Ich versuchte daher, den Trainingsplan, den er für mich ausarbeitete und den ich bis heute befolge, so gut wie möglich zu akzeptieren, obwohl ich manchmal immer noch das Gefühl habe, er sei für Leute gedacht, die es locker nehmen wollen. Nach und nach ist meine Energie zurückgekehrt und am Ende meines Trainings stelle ich mit zunehmender Aufmerksamkeit die kleinen Fortschritte in meinen Muskeln und Bewegungsabläufen fest. Die Langsamkeit, in der alles geschieht, wirklich akzeptieren zu lernen ist Teil des schwierigen, noch andauernden Gebetsprozesses, in dem ich stecke.

Doch Rückschläge hin oder her, ich weiß, dass ich Fortschritte mache. Die Bestätigung dafür fand ich letzte Woche in der Nacht, nachdem ich dir von meiner kindlichen Tanzphantasie erzählt hatte, in einem Traum. In diesem Traum befand ich mich zusammen mit Richard zu einem Forschungsaufenthalt an einer Universität irgendwo in Italien. Ich hatte mich bereit erklärt, einen Nachmittag lang auf die zweijährige Tochter einer Bekannten aufzupassen. Kurze Zeit später erschien das Kind lächelnd und freundlich in unserer Wohnung. Sie trug ein Partykleid im Stil der vierziger Jahre aus einem dünnen, fast durchsichtigen Stoff in rosa und weiß, winzige Lacklederschuhe und spitzenbesetzte Strümpfe. Weil ich fürchtete, dass es in der Wohnung sehr uninteressant für sie sein könnte, entschloss ich mich, sie an der Hand zu nehmen und mich von ihr auf einen Spaziergang führen zu lassen.

Dann wechselte die Szenerie des Traums und wir befanden uns im Innern einer reich verzierten Kirche mit vielen Säulen, in die sie mich geführt hatte. Allerdings blieb sie jetzt nicht mehr an meiner Hand. Sie rannte durch Touristenmassen vor mir her auf einen beeindruckenden Altar aus gelbem Marmor zu, der links vorne stand. Ich erinnere mich, wie ich beim Versuch sie einzufangen schreckliche Angst hatte, ein Priester könnte uns sehen und schändlich hinauswerfen.

Aber das passierte nicht. Gerade in dem Moment, da das Kind die Stufen zum Altar hochrannte, trat ein großer, seriös wirkender, grauhaariger Mann in einem Hemd mit weißem Collar[23] aus dem

---

[23] Stehkragen auf meist dunklem Hemd, Erkennungszeichen eines Geistlichen im angelsächsischen Raum. Anm. d. Übers.

Schatten und ging langsam die Treppenstufen hinunter, ihr entgegen. Als sie ihm ihre Arme entgegenstreckte, bückte er sich und nahm sie hoch. Dann stellte er sie sanft auf den Alter und sagte: „Jetzt kannst du tanzen!"

Es war unglaublich, wie diese winzigen Füße in den schicken Strümpfen dort oben auf dem Hochaltar tanzten, wie das rosa und weiße Kleid herumwirbelte und wie mir beim Zusehen das Herz aufging. Als sie genug hatte, strahlte sie und war ganz erfüllt, streckte mir die Arme entgegen und ließ sich von mir wieder herunterheben. Ich ging neben ihr in die Hocke, umarmte sie und lächelte sie an. „Du hast getanzt, Mäuschen", sagte ich zu ihr.

Sie klatschte in die Hände und lachte selbst auch. Dann fing sie an zu weinen. „Was ist denn los?", fragte ich. „Ich will aber keine Maus sein", sagte sie. Ich lachte und drückte sie wieder. „Nein, das heißt doch nur, dass du süß bist." Darauf klatschte sie nochmals in die Hände und lachte mit mir.

Ich kann nicht alles genau wiedergeben, was in meinem Traum vorkam. Aber als ich am nächsten Morgen darüber nachdachte, konnte ich zwei Dinge festmachen, die der Traum für mich bekräftigte. Das erste betraf meine neue Verbindung von Gebet und Training. Jesus Christus, der große Hohepriester selbst, befähigte mich dazu, sämtliche Tabus im Blick auf meinen Körper zu brechen, die ich mir je angeeignet hatte. Das Ergebnis davon war, dass das bewegungsarme Kind, das sich so sehr danach gesehnt hatte, zu tanzen, ausgerechnet auf Gottes Altar tanzte.

Und das zweite: In all den Monaten, seit ich damit begonnen hatte, das Vaterunser in dieser neuen Weise zu beten, von der ich dir erzählt habe, betete ich immer wieder „Geheiligt werde dein Name in dem Kind, das ich war, und möge ich selbst dies erkennen können." In diesem Traum wurde Gottes Name im Körper dieses tanzenden Mädchens geheiligt. Ich sah mit eigenen Augen, wie es geschah. Ich sehe es immer noch und bin dankbar dafür.

Meine liebe Freundin, ich hoffe, dass ich manches gesagt habe, was es dir ein wenig leichter macht, dir selbst und Gott zu vertrauen und dir hilft, auch deiner alltäglichen persönlichen Gebetspraxis etwas zuzutrauen. In Gedanken bist du mir sehr nah.

Mit lieben Grüßen

Roberta

Fünftes Kapitel

Das gelbe Hemd

Meine liebe Freundin,

du hast sicher Recht mit der Beobachtung in deinem letzten Brief, dass ich überwiegend von solchen inneren Verletzungen schreibe, die ihren Ursprung in Bedingungen oder Kränkungen während unserer Kindheit haben. Und wenn ich vom Bemühen um Heilung dieser Verletzungen spreche, scheine ich meistens die schwierige und bewusste Arbeit daran hervorzuheben, die wir im Gebet selber leisten müssen. Auch dieser Eindruck ist richtig.

Du hast dir über diese beiden Dinge ziemlich lange den Kopf zerbrochen und stellst am Schluss deines Briefes zwei in der Tat wichtige Fragen. Erstens möchtest du wissen, ob meiner Meinung nach die Verletzungen, deren Ursprung in persönlichen Erfahrungen unserer Vergangenheit liegt, die einzig bedeutsame Form von Verletzungen seien, durch die wir daran gehindert würden zu lieben. Zweitens fragst du, ob ich tatsächlich andeuten wolle, dass Heilung im Gebet allein das Resultat harter, bewusster Arbeit sei, wie ich sie beschrieben habe.

Die Antwort auf die erste Frage ist ein klares Nein. Wir alle tragen auch andere Verletzungen in uns, die der Heilung bedürfen und die uns genauso wirkungsvoll davon abhalten zu lieben, wie diejenigen, die ihren Ursprung in persönlichen Kindheitserfahrungen haben. Im Unterschied zur ersten Form von Verletzungen haben diese anderen Kränkungen unserer Fähigkeit, zu lieben und uns lieben zu lassen, ihren Ursprung in Haltungen und Erwartungen, die wir aus unserer Kultur, auch der kirchlichen, bezogen haben und für selbstverständlich halten. Das führt dazu, dass wir die Welt und die Menschen darin nicht so betrachten, wie Gott es tut, sondern entsprechend unserem kulturellen Umfeld manche Menschen gering achten und andere wertschätzen.

Wenn die moralischen Verletzungen, die dem entsprungen sind, was wir aus unserem kulturellen Hintergrund übernommen haben, noch verstärkt werden durch Verletzungen im Bereich der persönlichen Erfahrung, kann das Ergebnis tödlich sein, und zwar für uns selbst und für andere. Es überrascht kaum, dass der Heilungsprozess bei diesen kombinierten Verletzungen besonders schwierig ist, denn dabei steht so viel auf dem Spiel, dass wir sie am liebsten gar nicht wahrhaben wollen. Und selbst wenn es eigentlich keinen Grund dafür geben sollte, sie zu übersehen, können wir uns nicht um Heilung bemühen, solange uns unklar ist, was schief gelaufen ist.

Die Tatsache, dass wir solche Verletzungen zunächst gar nicht erkennen und im Gebet konkret daran arbeiten können, muss aber nicht heißen, dass Gott uns damit sitzen lässt. Erinnerst du dich, wie ich vor einiger Zeit in einem meiner Briefe davon gesprochen habe, dass jede Heilungserfahrung im Gebet auf einer Verknüpfung von Gottes Wirken und unserem eigenen Bemühen beruht? Evagrius Ponticus, einer der größten gelehrten Mönche aus dem vierten Jahrhundert betonte, dass dies auch für das Gebet selber gelte: „Wenn du beten willst", sagte er, „dann brauchst du Gott. Denn Gott selbst gibt den Betenden ihr Gebet." Ich habe die Erfahrung gemacht, dass in Situationen, in denen wir Heilung brauchen, uns allein aber nicht zu helfen wissen, Gott selber zu uns kommt und Gnade und Hilfe zum Heilwerden schenkt.

Unsere Aufgabe dabei besteht zum einen darin, einfach da zu sein, aufmerksam zu sein für das, was wir tun und was in uns passiert, und gleichzeitig auf die Menschen und Ereignisse um uns herum zu hören und zu achten. Ein anderer Teil unseres Jobs liegt in der Erwartung, dass Gott uns, wenn wir aufmerksam und offen dafür sind, „unser Gebet geben" wird und die Dinge, die wir brauchen, „unser tägliches Brot", um heilzuwerden und in der Liebe zu wachsen.

So, das ist genug Theorie. Ich denke, hilfreicher ist, wenn ich dir jetzt eine Geschichte erzähle, die illustriert, wovon ich spreche. Es ist die Geschichte eines der bedeutendsten Ereignisse, die ich je erlebt habe: Der Tod und das Begräbnis von Stefan Mills, dem Sohn von Nicole und John, mit denen ich befreundet bin.

Für mich begann die Geschichte an einem regnerischen grauen Samstag Ende August, morgens um halb acht, mit dem Klingeln des Telefons. Ich saß gerade auf dem Heimtrainer und war mitten in meiner Gebetszeit. Unter normalen Umständen hätte ich weder das Gebet noch das Training unterbrochen, um ans Telefon zu gehen, aber die Umstände waren nicht normal.

Mit dem Vorhaben, einen Umweg zu fahren und noch einen Besuch in Nordindiana zu machen, war unser Sohn Benjamin Anfang der vergangenen Woche losgefahren, um sein letztes Studienjahr am College in Angriff zu nehmen. Erst einen Tag zuvor, am Freitag, war Richard ihm mit einer Wagenladung voll seiner Sachen gefolgt. Er wollte Ben helfen, sich in dem Haus einzurichten, das er mit einigen Studienkollegen teilen sollte. Auf dem Rückweg wollte Richard einen Zwischenhalt in Cincinnati einlegen, um nach seinem Bruder zu sehen. Benjamin oder Richard waren möglicherweise immer noch unterwegs; einer oder beide konnten verunfallt sein. Deshalb genügte, Heimtrainer hin oder her, allein das Klingeln des Telefons, um mir das Blut in den Kopf schießen zu lassen.

Natürlich war ‚Verlust' an jenem Morgen mein Thema. Mit seiner ihm eigenen Mischung aus Enthusiasmus und Widerwillen hatte Benjamin uns im Juni eröffnet, dies werde sein letzter Sommer zu Hause sein. Richard und ich hatten die vergangenen Monate damit verbracht, uns an den Gedanken zu gewöhnen. Wir versuchten, so sachlich damit umzugehen, wie wir nur konnten. Wir wussten, dass Kinder von zu Hause weggehen müssen, um erwachsen zu werden. Als gut vorbereitete Eltern, die wir waren, fiel es uns nicht allzu schwer, ihn wie all die Jahre zuvor seine Sachen, seine Schulbücher und die Stereoanlage einpacken zu sehen, und ihm schien es genau so zu gehen.

Aber als Benjamin zuletzt sein Bett abbaute, in dem er seit seiner Kindheit geschlafen hatte, den Schreibtisch auseinander nahm und beides zusammen mit seiner Kommode, seinen Lampen und seinem Teddybär aus dem Haus trug, wurde es uns allen zu viel. Er hatte bereits seine Packwoche damit zugebracht, über das Ende der bisherigen Sicherheiten seiner Kindheit zu brüten und sich vor den unbekannten Schrecken des erwachsenen Lebens zu fürchten. Jetzt stand er in seinem leeren Zimmer und heulte wie ein kleines Kind.

Ich weinte mit ihm. Ich hatte mich abwechslungsweise über seinen Weggang gegrämt, als ob ich ihn niemals wiedersehen würde, und mich geärgert, dass ich den ganzen Trauerprozess nochmals durchmachen sollte. Als ob ich das alles nicht zu Beginn seiner Collegezeit schon einmal erledigt hätte. Am Nachmittag, an dem er wegfuhr und ich seinen alten grauen Caravan aus der Einfahrt in die Straße biegen sah, fühlte ich mich trostlos und verlassen.

In den Tagen nach Bens Abreise kämpften Richard und ich in unserer je charakteristischen Weise gegen seinen Weggang an. Von der dämonischen Energie besessen, die Trauer und Neuanfang verleihen, verbrachte Richard die nächsten achtundvierzig Stunden damit, das verlassene Zimmer sauber zu machen und es als kombinierte Schlafmöglichkeit für Bens spätere Besuche und Trainingsraum für uns beide herzurichten. Ich dagegen tigerte voll Selbstmitleid durchs Haus und hing schwarzen Gedanken nach. Dann riss ich mich zusammen und plante einige nette Dinge mit Freundinnen und Freunden, die mich ablenken sollten, wenn Richard und Benjamin am Wochenende beide weg sein würden.

Etwas, worauf ich mich an diesem Samstag Morgen freute, war der Besuch einer Kunstausstellung mit meiner alten Freundin Nicole. Nicole ist in meinem Alter, gehört zu den Gründungsmitgliedern von Emmaus, unserer Hausgemeinde, und liebt Gott. Sie ist außerdem Französin, elegant, intelligent und eine Künstlerin, die früher ihre Stoffe selbst färbte und webte. Nun leidet sie unter Lupus[24] und Arthritis und ihre wunden, geschwollenen Hände

[24] Meist chronisch verlaufende tuberkulöse Erkrankung der Haut mit entstellender Narbenbildung. Anm. d. Übers.

schaffen es nur noch an guten Tagen, wunderschöne Ohrringe und Halsketten zu fertigen. Nicole war die richtige Person für eine gemeinsame Unternehmung. Obwohl ihre Schmerzen sie manchmal zermürben, ist sie guten Mutes. Sie hat ein geradezu leidenschaftliches Interesse an allen Menschen, die sie trifft, besonders an Kindern und jungen Leuten, die sie genauso behandelt wie ihre erwachsenen Freundinnen und Freunde. Von klein auf fanden meine beiden Kinder sie wundervoll.

Jedenfalls hatte mein Versuch, beim Klingeln des Telefons gesunden Menschenverstand walten zu lassen, mit meinem Vorhaben zu tun, später am Vormittag noch wegzugehen. Ein Anruf von Nicole, die sagen wollte, wir sollten zu einer anderen Zeit als geplant losgehen oder die Tour wegen des Regens verschieben, war wesentlich wahrscheinlicher als die Nachricht, dass Richard oder Benjamin etwas zugestoßen sei.

Trotz allen gesunden Menschenverstandes hielt ich beim Abheben des Hörers den Atem an und stieß ihn wieder aus, als ich lediglich eine sehr verschnupfte Nicole am anderen Ende einer miserablen Leitung vernahm. Ich brauchte ein paar Augenblicke, bis ich realisierte, dass sie mir mit kaum wiederzuerkennender Stimme etwas zu erklären versuchte, das ich nicht richtig verstehen konnte.

Eine Weile lang bemühte ich mich, schlau zu werden aus dem, was sie sagte, gab dann aber auf. „Augenblick mal, Nicole“, unterbrach ich sie. „Ich kann dich nicht verstehen. Bist du krank? Hast du dir eine Erkältung geholt? Rufst du an, um unsere Tour abzusagen?“, fragte ich. Und dann fügte ich hinzu: „Mach dir keine Gedanken. Wenn es nicht anders geht, können wir es ja morgen früh nochmals versuchen.“

„Nein, nein, du verstehst mich nicht“, drang sie schließlich zu mir durch. „Es geht um Stefan. Es hat ihn auf dem Motorrad erwischt.“

„Stefan?“, sagte ich. Ich war für einen Moment sprachlos. Stefan war ihr jüngerer Sohn. Er war sechsundzwanzig, genauso alt wie unsere Tochter Grace. Sie waren nie enger befreundet gewesen, hatten aber von der vierten Klasse bis zur Mitte der Highschool zusammen die Schule besucht.

Nicole begann zu weinen. Mir drehte sich der Magen um, aber ich gab mir die größte Mühe, zu begreifen, was sie sagte. „Der Arzt meint, er könnte sterben, und wenn er nicht stirbt, wird es vielleicht nur noch ein Dahinvegetieren sein“, sagte sie.

„Ist es wirklich Stefan?“ Ich konnte gar nicht so schnell fassen, was sie mir sagte. „Stefan hatte einen Unfall? Es kann sein, dass er stirbt?“, wiederholte ich völlig schockiert. „Oh, Nicole, armer Stefan“, platzte es schließlich aus mir heraus. „Seit ihr im DeKalb Hospital?“

„Nein“, sie war zu einer Antwort kaum in der Lage, „wir sind in der Stadt, im Grady-Krankenhaus, siebter Stock.“

„Grady?“, wiederholte ich verdutzt. „Stefan ist im Grady-Krankenhaus? Weiß Betsy Bescheid?“ Ich versuchte, klar zu denken. Nicole und John haben einen außergewöhnlich großen Kreis von Freunden und Freundinnen, aber Betsy und ihre Tochter Paula gehören zu ihren ältesten und engsten Freundinnen in Atlanta. Betsy war stellvertretende Rektorin, ist im Ruhestand und hat einen Sinn für Abenteuer und ein Verlangen, Gutes zu tun. Sie verbringt ihre Tage jetzt damit, in der Welt herumzureisen und alle möglichen interessanten Schulungen zum Thema Konfliktlösung anzubieten. Auch sie gehört zu den Gründungsgliedern unserer Gemeinde, eine sehr bestimmte, aber auch lustige Frau, deren Freundschaft und moralische Stärke in der bevorstehenden Zeit dringend vonnöten sein würde.

„Ich habe schon bei Betsy angerufen“, antwortete Nicole.

„In Ordnung, ich bin gleich da“, sagte ich. Ich konnte sie weinen hören, als sie den Hörer auflegte.

Das Wissen um die Katastrophe, die über Nicole und John gekommen war, traf mich derart, dass ich nach dem Anruf einfach in der Mitte des Raumes stehen blieb, wie gelähmt vor Schmerz für sie. Ihr Sohn Stefan lag bewusstlos im Grady-Krankenhaus, und noch vor einer Stunde tat ich mir selber Leid, weil mein eigener Sohn Benjamin schlicht und ergreifend ausgezogen war, um erwachsen zu werden.

Als ich mich endlich wieder rühren konnte, telefonierte ich mit Terri, einer anderen guten Freundin aus der Gemeinde, und vereinbarte, sie auf dem Weg in die Stadt abzuholen. Ich duschte schnell und betete die ganze Zeit wie eine Verrückte darum, dass Gott Stefan nahe bleiben und die Herzen von Nicole und John trösten möge. Dann stopfte ich wegen meiner Hypoglykämie eine Handvoll hauchdünner Kräcker und ein kaltes Schweinekotelett zuerst in eine Plastiktüte, dann in meine Handtasche und ging.

Auf dem ganzen Weg zu Terri dachte ich an unsere Tochter Grace und an meine eigene ständige Wut und Angst in den zwei Jahren, in denen sie als Jugendliche eine ganze Serie immer größerer Motorräder fuhr. Damals ging ich jeden Abend in der Erwartung eines solchen Anrufes ins Bett, der jetzt Nicole und John ins Krankenhaus gerufen hatte. Nach dem Verkauf der letzten Maschine hatte ich mich enorm erleichtert gefühlt. Als ich über die grüne Ampel am Ponce de Leon und an der Highland Avenue fuhr, fragte ich mich, warum es nun nicht wir, sondern Nicole und John sein sollten, die diesen Anruf bekamen.

Kurz danach ließ ich Terri einsteigen. Auf der Fahrt in die Stadt unterhielten wir uns über Stefan, über das Geheimnis seines Lebens und über die schwierige Phase, in der er seit Jahren steckte. Wir sprachen von der Verzweiflung, der Güte und der Treue, mit der Nicole und John ihn liebten. Wir sprachen über die zwei oder drei Jahre in seiner Teenagerzeit, in denen er, ungeachtet aller Bemühungen seitens seiner Eltern, mehr oder weniger auf der Straße lebte, zusammen mit anderen jungen und nicht mehr ganz jungen Leuten, die nicht nur körperlich, sondern wie er selbst auch seelisch tätowiert und gepierct waren. Jedenfalls schien es mir so. Wir redeten von seinem langen Aufenthalt in der psychiatrischen Klinik und wie wenig es ihm geholfen hatte, und über die Zeit seither, in der er nach wie vor unter seinen alten Bekannten am Rande unserer eigenen gutbürgerlichen Welt lebte. Er versuchte relativ erfolglos, sich für kurze Zeitabschnitte in den verschiedensten Jobs in Haushaltsgeschäften, Blumenläden oder diversen Clubs zu halten und war dabei ständig mit den Motorrädern unterwegs, die er so sehr liebte.

Wir redeten von der unveränderlichen Höflichkeit und Freundlichkeit, die er uns gegenüber immer zeigte, wenn er bei seinen Eltern war, selbst wenn er durch morgendliche Anrufe aus dem Bett geholt wurde. Wir sprachen über das, was wir in all den Jahren von den Leuten um uns herum gehört hatten, die ihn schon als kleines Kind kannten, wie süß er gewesen sei, wie lustig und wie lieb. Und wir wunderten uns immer und immer wieder über das eigenartige Pech und die Unschuld, die ihm von der Zeit, in der wir ihn kennenlernten bis in die Gegenwart anhafteten. Nach einer Weile erreichten wir das Krankenhaus.

Grady ist ein riesiges, unübersichtliches Krankenhaus und eine Unfallklinik für besonders schwere Fälle. Wir brauchten fast eine Dreiviertelstunde, um von unserem Parkplatz an der Straße zum Fahrstuhl in den siebten Stock zu gelangen. Von diesen ersten Momenten im Krankenhaus ist mir noch in Erinnerung, in welcher Sorge wir in den verwirrenden Fluren herumirrten und versuchten, den Warteraum ausfindig zu machen, in dem sich Stefans Familie aufhielt. Ich erinnere mich auch noch an die fast körperliche Erleichterung, die wir verspürten, als wir sie endlich fanden – Nicole und John, ihr älterer Sohn Christopher und Laurie, mit der er sich am Montag Abend verloben wollte.

In meinem Gedächtnis ragen aber mehrere Dinge aus den ersten Stunden jenes Vormittags heraus, die viel bedeutsamer sind als unsere Sorge und Erleichterung. Zuallererst erinnere ich mich an die Anwesenheit und das allgemeine Erscheinungsbild einiger Frauen und Männer unterschiedlichen Alters, die Stefans Unfall ins

Krankenhaus geführt hatte. Ich sehe noch vor mir, wie einige von ihnen ziellos durch den Korridor wanderten, an dem der kleine Aufenthaltsraum lag, in dem wir saßen. Andere standen uns weiter hinten im Dunkeln schweigend gegenüber wie Geister. Das seien Stefans Freunde und Freundinnen, erklärte Nicole. Sie hatten sich am Abend, bevor es ihn erwischt hatte, nach der Arbeit mit ihm in der Bar getroffen. Nach dem Unfall suchten sie sofort nach Nicole und John, um sie herbeizurufen und blieben, wie ich hörte, aufmerksam und liebevoll in ihrer Nähe, bis wir anderen nach und nach eintrafen.

Woran ich mich aber zu meiner Schande auch erinnere, ist die Tatsache, dass ich nichts mit ihnen zu tun haben wollte, mochten John und Nicole uns von ihnen erzählen, was sie wollten. Ihre teilnahmslosen Gesichter, die unzähligen Ohrringe, Augenbrauenringe und großflächigen Tätowierungen, die hochstehenden Haare, der schwarze Lippenstift, die schweren Stiefel und ihre fahle Haut jagten mir Angst ein. Ich mochte sie nicht. In jenen ersten Stunden konnte ich nicht verstehen, warum sie sich genau wie Stefan dafür entschieden hatten, ein Leben zu leben, das in meinen Augen nur chaotisch und brutal war und darüber hinaus keinen Sinn hatte. Ich denke, ich gab ihnen die Schuld für das, was Stefans ganze Familie durchmachte. Ich wünschte mir, dass sie weggingen.

Gleichzeitig erinnere ich mich aber auch daran, wie wir auf den schwarzen Plastikstühlen in dem kleinen Aufenthaltsraum saßen, auf den Bericht des Neurochirurgen warteten und uns von John schildern ließen, was bei dem Unfall in der vergangenen Nacht geschehen war. Nicole krümmte sich in ihrer schwarzen Jacke, als ob sie friere, und wurde von Weinkrämpfen geschüttelt, während John die ganze Geschichte erzählte.

Um Mitternacht nach der Arbeit hatte Stefan mit einigen seiner Freunde und Freundinnen einen Club im Stadtzentrum besucht. Weil er, wie sie später betonten, genau wusste, dass er noch Motorrad fahren musste, verzichtete er auf Alkohol. Etwa um zwei Uhr morgens machten sich einige aus der Gruppe auf den Heimweg.

Stefan war gerade losgefahren und hatte den Parkplatz verlassen, als er mit einem nichtversicherten Lincoln Continental kollidierte, der aus einer Tankstelle bog. Polizeibeamte, die den Unfall gesehen hatten, nahmen den Autofahrer sofort fest. Stefan war sechzehn Meter durch die Luft geschleudert worden und kopfüber auf einen Blumenkübel aus Beton aufgeschlagen.

Der Freund, der den Unfall beobachtet hatte, rannte los, um einen Rettungswagen zu rufen, jemand anders machte John und Nicole ausfindig. Gut zehn Minuten nach dem Unfall wurde Stefan ins Krankenhaus eingeliefert. Aufgrund der hohen Geschwindigkeit beim Aufprall und der Distanz, über die er geschleudert wurde, hatte ihm sein schwerer Motorradhelm nichts genützt. Er hatte sich ein gebrochenes Schlüsselbein, diverse Rippenbrüche, eine Lungenperforation, einen gebrochenen Fuß und als Schwerwiegendstes eine Schädelfraktur zugezogen.

Nach dieser Darstellung, die uns entsetzt verstummen ließ, warteten wir vornüber gebeugt auf den Neurochirurgen, der Stefan behandelte. Eine lange Zeit verstrich. Zwischendurch tauchten immer wieder Angehörige des Arzt- oder Pflegepersonals auf, berichteten, was gerade mit ihm und für ihn getan wurde und weckten die leise Hoffnung auf seine Genesung. Schon damals war ich für die Freundlichkeit jener stark beanspruchten Leute in dem geschäftigen Krankenhaus und ihre Fürsorge, mit der sie die Fragen der Familie aufnahmen und gewissenhaft beantworteten, zutiefst dankbar.

Endlich erschien der Neurochirurg. Er war eindeutig ein guter Mann, aber er war unbeholfen. Erst nachdem er sich eine ganze Zeit lang hilflos im Kreis gedreht hatte, fiel mir auf, dass er versuchte, uns die Wahrheit über die Natur und Ernsthaftigkeit von Stefans Kopfverletzungen möglichst schonend beizubringen und sich dabei sehr unwohl fühlte. Nach einem weiteren endlosen Satz gab er schließlich auf und platzte einfach heraus: „Er wird es wahrscheinlich nicht schaffen."

Trotz allem, was sie schon wussten, waren John und Nicole darauf nicht vorbereitet. John saß so reglos da wie die grüne Marmorwand hinter ihm, aber Nicole schrie laut: „Was haben Sie gesagt? Was haben Sie gesagt?“ Als der Arzt seine Worte wiederholte, sackte sie von Schluchzen geschüttelt in sich zusammen. Einen Augenblick später begann auch John zu schluchzen. Christopher saß mit geschlossenen Augen und zusammengepressten Lippen da, unfähig einen Ton von sich zu geben, Tränen rollten über sein Gesicht. Der Arzt schlich sich davon, und Terri und ich legten den Arm um Stefans Familie in dem vergeblichen Versuch, ihnen ein wenig von dem schrecklichen Schmerz abzunehmen und in uns zu bergen.

Seitdem ich ins Krankenhaus gekommen war, hatte ich unaufhörlich für Stefan und seine Familie gebetet. Aber ich glaube, erst in jenem Moment intensivsten Schmerzes für Stefan und seine Familie wurde mir richtig bewusst, dass das, was sich dort im Krankenhaus abspielte, etwas vom heiligsten war, das ich je miterlebt hatte. Es erfüllte mich mit tiefer Dankbarkeit, dass ich dort an Nicoles, Johns und Christophers Seite stehen und mit ihnen beten durfte, wo Gott sich finden lässt, wo Leben und Tod sich begegnen. Ich wurde mir auch meiner Dankbarkeit Gott gegenüber bewusst. Denn ich wusste, dass Gott trotz allem auf freundliche und geheimnisvolle Weise jede und jeden von uns festhielt, und ich erkannte darin die Güte und große Liebe Gottes.

Ich erinnere mich, dass auch ein starkes Gefühl äußerster Wachsamkeit damit einherging. Ich stellte es nicht nur an mir fest, sondern fand es auch auf den Gesichtern von Stefans Angehörigen wieder, die im Lauf des Tages eintrafen, und auf den Gesichtern all der Freunde und Freundinnen, die in den folgenden Tagen ins Krankenhaus kamen, um mit zu warten. Ich weiß nicht mehr, von welchem Zeitpunkt an ich diese übermäßige Aufmerksamkeit richtig benennen konnte, aber jetzt weiß ich ihren Namen. Im Römerbrief spricht Paulus davon, dass der Geist unsere Herzen erforscht und uns im Gebet vertritt[25], und genau das war es: Gebet, rein und kon-

---

[25] Vgl. Römer 8,27. Anm. d. Übers.

zentriert, ein fast physisches Bemühen unseres ganzen Seins, absolut aufmerksam zu sein für das, was geschah, für Gottes Gegenwart unter uns, die in Bauch und Brustkorb vibrierte wie ein tiefer Glockenklang. Aber obwohl ich so betete, gab es Dinge, wichtige Dinge, die ich hätte verstehen sollen. Ich war aber noch für lange Zeit weit davon entfernt war, es auch nur ansatzweise zu tun.

Ein wenig später, nachdem Arzt- und Pflegepersonal endlich damit fertig waren, Stefan zu säubern und seine Wunden zu verbinden, nachdem er an die vielen Maschinen, Überwachungsgeräte und kleinen Tropfbeutel angehängt war, die sein Leben in den kommenden drei Tagen erhalten sollten, ging ich zum ersten Mal in den kleinen Raum der Intensivstation, in dem er gestorben ist, um ihn zu besuchen.

Auf Stefans Bewusstlosigkeit hatte ich mich vorbereitet. Aber ich war nicht darauf gefasst, wie groß, muskulös und gesund sein Körper in dem hohen Metallbett aussah und welch schönes Gesicht er in seinem schrecklichen Komazustand hatte. Ich erinnere mich, wie ich seine ebenmäßige Haut bewunderte und darüber staunte, dass sie von dem exakt gleichen Hellbraun war wie die seiner Mutter. Es erschütterte mich bis ins Mark, dass er eine solch schwere Kopfverletzung haben sollte, wo doch sein Gesicht keinerlei Schrammen aufwies, und so viele gebrochene Glieder, obschon nur einzelne blaue Flecke sichtbar waren.

Als ich in den Aufenthaltsraum zurückkam, in dem ich Nicole, Christopher und Laurie zurückgelassen hatte, stellte ich fest, dass die ersten Freunde und Freundinnen von Nicole und John, die gleichzeitig meine waren, sich eingefunden hatten. Betsy war gekommen, während ich bei Stefan war, und hatte neben ihrem Mut und ihrer lebensnahen Weisheit eine Thermoskanne mit heißem Wasser mitgebracht, wie Nicole es gerne trinkt, außerdem Käse, Obst und Kuchen. Ein wenig später kam Betsys Mitbewohnerin Sheila, ebenfalls eine überaus kluge Frau. Nach ihr trafen Mili und Fernando ein, auch sie aus der Emmaus-Gemeinde und seit langem mit der ganzen Familie Mills befreundet. Sie hatten heißen puertoricanischen Kaffee und einen weiteren Kuchen dabei und – da Fernando Arzt bei der Behörde für meldepflichtige Krankheiten ist – auch jede Menge medizinisches Wissen.

Die nächsten Stunden inmitten dieser befreundeten Menschen waren mit Gesprächen, Essen und Trinken, Weinen und Lachen gefüllt. Trotz Nicoles und Johns Schmerz und unserer entsetzlichen Sorge darum, ob Stefan überleben und wenn ja, was dann von seinen Verletzungen zurückbleiben würde, war die Zeit merkwürdig erfüllt von Gottes Güte. Ich kann mich nicht erinnern, jemals zuvor ein derartiges Einssein in Herz, Geist und Stärke unter Menschen erlebt zu haben, die einander so sehr liebten, dass das Reden vom „Leib Christi" aufhörte, eine Metapher zu sein und stattdessen zu einer wörtlichen Beschreibung unseres Umgangs miteinander wurde. Wir stützten uns gegenseitig, um Stefans Familie zu tragen, aber die Kraft, mit der wir einander hielten und die uns alle stützte, war nicht unsere eigene. Christus selbst war mit seiner Kraft in uns lebendig und verband uns zu einer Einheit, die so fest wie die Erde und so tief wie das Zentrum des Universums war.

Im geheiligten Raum jener Stunden sprachen wir über Stefan, seine Unschuld, seine Probleme und darüber, ob er wohl am Leben bleiben würde, aber auch über all das, was wir in der Zeit unserer Freundschaft schon miteinander erlebt hatten. Ich erinnere mich, dass uns viel Lustiges einfiel. Wir erzählten uns haarsträubende Witze und amüsierten uns über die banalen Wortspielereien, auf die John steht. Als ich schließlich meine Hemmungen überwand und das übriggebliebene kalte Schweinekotelett als Mittagsmahlzeit aus der Handtasche zog, konnte sich Nicole kaum halten vor Lachen. Wir lachten mit ihr und bekräftigten mit unserem Gelächter unsere Liebe, die Realität des Lebens und die Güte Gottes.

Ich bin gewiss, dass es ein heiliges Gelächter war. Später, es war mittlerweile früher Nachmittag, zog ich das Päckchen hauchdünner Kräcker raus, das ich als Beilage zu meinem Schweinekotelett eingesteckt hatte. Sheila riss mir einen Kräcker aus der Hand und hielt ihn grinsend für alle sichtbar in die Höhe. „Lachhaft!", meinte sie dazu und begann, kleine Stücke davon abzubrechen und sie an uns zu verteilen. „Christi Leib", parodierte sie, während sie mir ein abgebrochenes Stück reichte. Plötzlich schossen mir Tränen in die Augen. Ohne Vorwarnung war dieser kleine Kräckerkrümel wirklich zum Leib Christi geworden und mir war glasklar, dass Last und Herrlichkeit und das Gelächter des gekreuzigten und auferstandenen Christus mitten unter uns waren und uns zum Segen wurden.

Ich glaube, kurz danach gelang es mir, die Leute aus Stefans Clique ein wenig mehr wahrzunehmen, die von Samstag Morgen bis Montag Abend vor seinem Tod die verregnete Eingangstreppe des Krankenhauses belagerten und den großen Flur in der siebten Etage füllten. Zumindest begann ich zu diesem Zeitpunkt die Geschichten, die seine Freunde und Freundinnen Nicole und John über Stefan erzählt hatten, wirklich zu hören.

Es waren mehrheitlich erstaunliche Geschichten über Stefans Güte und Fürsorge für solche, die sich selbst nicht helfen konnten. Mich als Akademikerin beeindruckte besonders das Zeugnis eines Doktoranden aus dem Bereich Hirnchemie, der im Kampf mit seiner Dissertation oft entmutigt gewesen war und seine Arbeit hatte hinschmeißen wollen. Stefan, selbst nie über das zweite Highschooljahr hinausgekommen, rief diesen Wissenschaftler über einen langen Zeitraum hinweg jede Woche einmal an und motivierte ihn durch außerordentlich detaillierte und intelligente Fragen, die sich auf das bezogen, woran er gerade arbeitete und was er geschrieben hatte.

Aber das war nur eine Aussage. Es gab daneben viele andere, wie etwa die jener Frau aus Florida, die sich, als sie von Stefans Unfall hörte, ins Auto setzte und nach der langen Fahrt direkt ins Krankenhaus kam. Vor drei Jahren war sie ganz allein von Atlanta nach Florida gezogen und sehr depressiv geworden. Auch bei ihr rief Stefan häufig an und ermutigte und tröstete sie auf eine Weise, die ihr half weiterzumachen.

Als John und Nicole uns diese Geschichten erzählten, begriff ich, dass nicht nur sie, sondern auch wir anderen gutbürgerlichen Menschen durch das, was wir da hörten, unermesslich gestärkt und getröstet wurden. Wir lernten einen Stefan kennen, der seine großzügige Liebe unwahrscheinlich bewusst und aktiv verschenkte und dessen Welt voller guter Menschen mit der gleichen Wellenlänge war. Niemand von uns, nicht einmal seine Eltern, die ihn am besten kannten und am meisten liebten, hätte sich dies jemals so ausgemalt. Gleichzeitig begannen wir am eigenen Leib die unerwartete Güte, Großzügigkeit und Sensibilität der Gemeinschaft zu erfahren, in der Stefan zu leben gewählt hatte.

Kurz vor fünf ging ich erschöpft und besorgt weg, weil ich mich noch für die Fakultätsrüstzeit am Tag drauf vorbereiten musste, die jeweils den Auftakt des Studienjahres bildet. Ich konnte es kaum ertragen zu gehen, aber meine Gegenwart war wirklich nicht nötig. Sowie sie die Nachricht erhielten, stießen den ganzen Nachmittag über weitere Menschen hinzu, die mit John und Nicole befreundet waren, um im Krankenhaus mit zu wachen. Andere waren noch unterwegs. Dazu gehörten Elaine und Dale, die sich in den folgenden Tagen unvorstellbar nützlich machten und zum Beispiel Johns Eltern beschäftigten.

Es fiel mir schwer, am nächsten Tag zu dieser Rüstzeit aufzubrechen. Als ich morgens vor meiner Abfahrt in das Naturschutzgebiet, wo sie stattfinden sollte, ins Krankenhaus kam, fand ich Nicole und John völlig am Ende und rasend vor Angst. Stefan war in dem Zustand, vor dem Fernando uns am Abend zuvor vorgewarnt hatte: Perioden relativer Stabilität wechselten mit äußerst kritischen Phasen unterschiedlicher Natur ab. Sie reichten von einem Druck im Gehirn über Organversagen bis zu hohem Fieber. Die Rüstzeit sollte erst am Dienstag Nachmittag zu Ende sein. Ich hatte Angst, Stefan würde nicht mehr so lange leben. Wie konnte ich weggehen und sie im Stich lassen?

Ich tat es schließlich doch, weil uns gesagt wurde, Stefans Zustand könnte über einen sehr langen Zeitraum unverändert bleiben. Aber einmal dort, konnte ich mich einfach nicht konzentrieren. Ich ging am Sonntagabend früh zu Bett und wachte am nächsten Morgen früh auf. Etwa um elf verließ ich die Veranstaltung, um zunächst mit Betsy und dann mit Nicole zu sprechen. Stefan ging es schlechter. Das ärztliche Team bereitete sich darauf vor, extrem komplizierte Tests vorzunehmen, mit denen bestimmt werden sollte, ob Stefan hirntot war und daher als Organspender in Frage kam. Um die Mittagszeit gab ich auf. Ich verließ die Rüstzeit mit dem Segen des Dekans und fuhr die zwei Stunden nach Atlanta zurück.

Ich erreichte das Krankenhaus mitten am Nachmittag und fand alles ganz anders als am Morgen zuvor. Die Flure und der kleine Aufenthaltsraum waren überfüllt mit besorgten Angehörigen der Opfer eines Flugzeugabsturzes in Alabama, und diejenigen, die wegen Stefan dort waren, hatten in den riesigen Warteraum innerhalb des Intensivbereichs umziehen müssen. Im Moment war nur eine Handvoll Leute da, viele von den neuen Besucherinnen und Besuchern stammten allerdings von außerhalb. Der Besuch für John und Nicole drängte sich an der rechten Wand zusammen, rund um einen Tisch mit halbleergegessenen Tellern wurden oberflächliche Unterhaltungen geführt. Ein einsamer Freund von Stefan hatte offenbar die ganze Nacht im Krankenhaus verbracht und schlief auf einem Sofa in der Mitte des riesigen Raumes, den Reißverschluss seiner Lederjacke bis zum Hals hochgezogen, neben sich Krücken. Abends erzählte er mir von seinem Vorhaben, sich ein neues Hüftgelenk einsetzen zu lassen. Vor zehn Jahren hatte er selbst einen Motorradunfall erlitten und er berichtete traurig davon, wie Stefan auch damals da gewesen war, um ihm zu helfen.

Was Nicole und John betraf, hatten zahlreiche Komplikationen im Lauf des Tages das ärztliche Team daran gehindert, die geplanten Tests durchzuführen. Obwohl Stefans Zustand sich rasch verschlechterte, gab kein Elternteil die Hoffnung wirklich auf, dass ihr Sohn am Leben bleibe. Die kleine Gruppe von Leuten dort im Warteraum, ganz besonders Nicole, sahen erschöpft und abgekämpft aus.

Nach einigen Minuten in jenem langen, mittlerweile düsteren Raum besuchte ich Stefan in der Intensivpflege. Als ich zur Tür hereinkam, stand John am Fußende des Bettes. Tränen tropften von seiner Nase, während er Stefans unverletzten Fuß rieb. Er war zu konzentriert, um neuem Besuch große Aufmerksamkeit zu schenken. Seine Augen wanderten zwischen den großen Monitoren an der linken Seite des Kopfendes und Stefan hin und her. Dabei drängte er: „Lass dein Herz schlagen, mein Sohn, halt es am Laufen." Stefans Zustand verschlechterte sich offenkundig zusehends. Seine Fingernägel waren blau und sein Körper schon vom Tod gezeichnet.

Es dauerte eine ganze Weile, bis ich merkte, dass ich nicht die einzige Besucherin im Raum war. Erst als er wie ein Schatten durch die Tür huschte, nahm ich wahr, dass auch ein Freund von Stefan da gewesen war. Mir ist immer noch nicht ganz klar, wo er genau stand. Vielleicht vor dem Stuhl unter dem Fenster. Mit Sicherheit fiel mir erst, nachdem er weg war, die Präsenz eines Männerhemdes auf, das mit dem Rücken nach vorne über den schmalen Holzstuhl an der Fensterseite des Bettes drapiert war. John sah meinen Blick darauf fallen. „Das Hemd gehört Christopher", sagte er. „Stefan hat es immer bewundert und jetzt sind sie zu Christopher gegangen und haben es geholt in der Hoffnung, dass es ihm hilft."

Es war ein extravagantes, prächtiges Hemd, ein exotischer Vogel und kleine Büschel aus Blumen und Blättern in intensiven Farben zierten die Rückenpartie. Kirschrot, Stahlblau und Smaragdgrün leuchteten auf einem unvorstellbar strahlenden und sonnigen gelben Hintergrund. Ein wunderschönes Hemd, aber an diesem schrecklichen Ort, an dem Apparate über Leben und Tod entschieden, erschien es mir fehl am Platz und ein wenig störend. Für Stefan gab es keine Hilfe mehr. Ich fragte mich halbwegs verbittert, wer um Himmels Willen auf die Idee kommen konnte, dass ein solches Hemd, eine solche Geste, Stefan helfen würde.

Jetzt, viele Wochen später, nachdem ich in meiner Gebetszeit zufällig auf eine ähnliche Geschichte in den Evangelien gestoßen bin, finde ich es seltsam, dass ich damals nicht verstand, was ich sah.

Die Geschichte, die ich meine, ereignet sich bei einem Festessen, das Maria, Martha und Lazarus in der Woche vor dem Passafest für Jesus und seine Jünger gaben.[26] Die Zeit ist gefährlich und zumindest Maria weiß, dass Jesu Leben besonders gefährdet ist. Plötzlich verlässt Maria den Raum, in dem sie essen; sie kehrt mit einem ganzen Pfund eines kostbaren Salböls zurück. Dann gießt sie das Öl über Jesu Füße und trocknet sie mit ihrem eigenen langen Haar. Das ganze Haus wird von dem wunderbaren Duft erfüllt. „Was macht sie denn da?“, stänkern die Jünger vermutlich empört. Judas protestiert schamlos: „So eine Verschwendung, so eine Vergeudung! Und was ist mit den Armen?“

Mir scheint, Jesus antwortet aus dem Bewusstsein, dass ihre Reaktion nichts mit den Armen, sondern viel mehr mit dem Gefühl zu tun hat, diese Frau dringe in ihre eigene privilegierte Position vor. „Lasst sie in Ruhe“, sagt er. „Lasst sie in Ruhe. Sie hat es gekauft, um es für den Tag meines Begräbnisses aufzubewahren.“

Wie sehr muss Jesus dieses Salböl gebraucht haben, diesen lebenden Beweis dafür, dass eine Person, die ihn liebte, wirklich verstand, was hier eigentlich mit ihm geschah und darauf vorbereitet war, ihm darin beizustehen! Natürlich war das Hemd, das Stefan gebracht worden war, nicht direkt vergleichbar damit, wie Maria Jesus für sein Begräbnis salbte. Das Hemd war vielmehr ein Zeichen für die Hoffnung auf Stefans Heilung in letzter Minute. Aber ich bin sicher, so wie Jesus damals durch das Salböl, das Maria ihm schenkte, gestärkt wurde, so erfuhr auch Stefan durch die Präsenz dieses sagenhaften, unpassenden Hemdes in seinem Zimmer Stärkung für das, was vor ihm lag. Ich bedaure es unheimlich, dass ich das nicht sehen konnte – und dass ich, sogar so spät noch, nicht zu denen gehörte, die das Öl vergossen wie Maria, sondern mit Judas zu denjenigen, die sie verachteten!

Nach meinem Besuch bei Stefan kehrte ich in den großen Raum zurück, um mit denen zu warten, die dort waren. Am späteren

---

[26] Johannes 12,1-8. In den Berichten der anderen Evangelien handelt es sich bei der Frau nicht um Maria, die Schwester von Martha.

Nachmittag riefen Betsy und ich zahlreiche Leute an, die auf aktuelle Nachrichten warteten. Als die Spannung gegen siebzehn Uhr stieg, füllte sich der Raum nach und nach wieder mit den beiden Gruppen von Freunden und Freundinnen. Stefans Freundeskreis stand schweigend und ernst in einer Ecke des großen Raumes, Nicoles und Johns verteilte sich über den Rest des Raumes und verbrachte die Wartezeit in leiser Unterhaltung. Etwa um achtzehn Uhr traf Richard von seiner Fahrt zu Bens College und dem Besuch bei seinem Bruder in Cincinnati ein. Nach kürzester Zeit ging er mit John nach draußen, um mit Stefans Freunden und Freundinnen zu sprechen, die auf der Eingangstreppe des Krankenhauses rauchten.

Kurz nachdem Richard und John in den Warteraum zurückgekommen waren, wurden John, Nicole und Christopher in Stefans Zimmer gerufen und erhielten die Mitteilung, dass keine Tests vorgenommen würden. Stefan würde im Lauf der Nacht sterben und mit Ausnahme der Augen seien alle seine Organe für eine Spende zu sehr in Mitleidenschaft gezogen. Dass er kein Organspender sein konnte, war ein unerträglicher Schlag für seine Eltern.

An diesem schrecklichen Tiefpunkt, als sie nicht mehr wussten, was sie tun sollten, und wir nicht mehr wussten, wie wir ihnen helfen sollten, ging Nora, eine Dominikanerin, Krankenhausseelsorgerin und gute Freundin der Familie wie auch unserer Gemeinde zu Stefans Familie in die Intensivstation.

Gott sei Dank wusste Nora, was zu tun war. Sie sagte den dreien, sie sollten bei ihrem Sohn und Bruder im Zimmer sitzen und in der Annahme, dass er sie auf rätselhafte Weise hören könne, mit ihm über alles reden, was sie für ihn wichtig fänden, bevor er ging – über ihre Liebe, ihre Erinnerungen, ihre Traurigkeit und über das, was ihnen Leid tat. Es ist ein Trost für sie, dies getan zu haben. Einige von uns gingen nacheinander ebenfalls zu ihm, um Abschied zu nehmen. Ich gehörte dazu.

Während dieser Zeit kamen Nicole und John regelmäßig nach draußen, um mit den Besuchern und Besucherinnen zu sprechen, die nach wie vor kamen, um mit zu wachen. Jackie brachte ihr chinesisches Adoptivkind Rose mit, und ich erinnere mich daran, welche Freude Nicole an dem kleinen fröhlichen Mädchen hatte, das ihr entgegenlief und auf ihrem Schoß sitzen wollte. Aber am meisten von allen waren es Stefans Freunde und Freundinnen, mittlerweile auf die erstaunliche Anzahl von vierzig oder fünfzig angewachsen, die Nicole und John trösteten. Weiterhin gingen sie nacheinander auf die beiden zu, um zu erzählen, was sie mit Stefan erlebt hatten, was er für sie getan und was er ihnen bedeutet hatte. Wir, die gutbürgerlichen Freunde und Freundinnen, die unseren Teil des Warteraums ausfüllten, saßen oder standen in kleinen Grüppchen und unterhielten uns, traurig und leer, zu aufgewühlt um jetzt über den Augenblick hinaus zu denken. Wir verharrten in einem Dauerzustand des Wartens.

Dann, ungefähr um zehn Uhr abends, geschah etwas. Einige von Stefans abgerissen und mitgenommen aussehenden Freunden und Freundinnen gingen auf Betsys Mitbewohnerin Sheila zu. Viele von uns gehörten doch zu Johns und Nicoles Gemeinde, sagten sie zu ihr, und sie wüssten, dass wir religiöse Leute seien. Ob wohl jemand von uns bereit wäre, mit ihnen einen Gebetsgottesdienst für Stefan zu halten?

Ob jemand von uns bereit wäre, ihn zu halten! Ich werde nie vergessen, wie mich die Bescheidenheit dieser vertrauensvollen Bitte um Gebet in jenem Moment getroffen hat. Was befähigte sie, fragte ich mich innerlich, von sich aus den Mut zu finden, die unsichtbare, böswillige Linie zu überschreiten, die unsere beiden Gruppen trennte, um das zu erbitten, was sie von uns brauchten? Von uns, die wir uns, ohne es wirklich so zu meinen, sogar jetzt noch so traurig von ihnen getrennt hielten?

Wurden sie durch die Dankbarkeit und Aufmerksamkeit, in der Nicole und John ihre Geschichten von Stefan entgegengenommen hatten, in die Lage versetzt, zu uns zu kommen? Oder waren sie einem Vater in der alten ägyptischen Wüste ähnlich, von dem gesagt wurde, er sei wie Gott auf Erden, weil er die Sünden der Welt bedeckte, als ob er sie nicht sähe? Ich weiß es nicht.

Was ich aber weiß, ist dies: Als das Los, das Gebet zu leiten, auf mich fiel, überwältigte mich als Erstes die plötzliche Erkenntnis, dass ich es in meiner Halsstarrigkeit bisher nicht geschafft hatte anzuerkennen, wie sehr Stefans Freunde und Freundinnen litten, wie gütig sie waren und wie treu sie zu ihm hielten. Und zweitens überkam mich in jenem Moment der Reue ein plötzlicher gesegneter Sturm von Demut und Dankbarkeit dafür, dass sie – und Gott mit ihnen – trotz der bis jetzt unerkannten Arroganz meinerseits mit ihrer Anfrage zu mir und zu uns allen gekommen waren und uns genau das gegeben hatten, was wir brauchten. Und wie viel hatten sie uns zu geben, denn wir hungerten ja danach, das gebrochene Brot der unsichtbaren Eucharistie zu teilen, die sie uns jetzt anboten!

So schoben wir gemeinsam die schweren schwarzen Stühle zu einem riesigen Kreis zusammen, und setzten uns zusammen hin – Stefans trauernde langhaarige, tätowierte Freunde und Freundinnen in schweren Stiefeln, Schnallen und mit gepiercten Körperteilen und dazwischen trauernde gutbürgerliche Frauen und Männer, konventionell in Frisur, Schmuck und Kleidung. Wir hielten einander fest bei den Händen.

Ich begann unser Gebet damit, Gott um Trost und Hilfe für Stefan, seine Familie und für uns alle, die für sie da waren, zu bitten. Anschließend hatten all jene Männer und Frauen, die es wollten, Gelegenheit, Gott zu danken und an Dinge zu erinnern, die Stefan getan hatte und für die sie überaus dankbar waren. Wie wahr und voller Gnade waren die Worte, die folgten. Ich werde nie mein Empfinden in diesem Moment vergessen, dass nicht nur Stefans Leben, sondern auch mein und unser aller Leben durch die Direktheit, die Liebe und die Güte der Gebete von Stefans Freunden und Freundinnen erhalten wurde.

Nach diesen Zeugnissen beteten wir erneut darum, Stefan möchten die Schmerzen erleichtert werden und sprachen zusammen das Vaterunser. Danach saßen wir noch eine Weile schweigend Hand in Hand und sagten schließlich „Amen".

Plötzlich schrie ein Freund von Stefan auf. „Ich bin noch nicht fertig!", sagte er. Er schaute flehentlich in die riesige Runde. „Stefan soll leben! Wir müssen um ein Wunder beten!"

Mir drehte sich der Magen. Wie sollte jetzt noch ein Wunder möglich sein? Stefans Organe waren bereits so weit zerstört, dass es keine Hoffnung auf Leben mehr gab. Was würde aus der Unschuld dieser Leute, denen es mit dem Glauben so ernst war, wenn Stefan starb? Ich betrachtete die nickenden Köpfe rings um mich.

Wer war ich, um aus eigener Arroganz abzulehnen? Ich eröffnete das Gebet noch einmal und diesmal breiteten einige wenige von Stefans Freunden und Freundinnen ihre Tränen, ihre Trauer und ihr Verlangen danach, Stefan möge am Leben bleiben, vor Gott aus.

Nach dieser zweiten Gebetsgemeinschaft waren Stefans Freunde und Freundinnen zufrieden gestellt. Kurze Zeit später bildeten sie eine schweigende Schlange und gingen nacheinander in Stefans Zimmer, um Abschied zu nehmen. Wenn sie herauskamen, standen sie noch eine Weile in kleinen Gruppen im Flur und im Warteraum zusammen. Einige setzten sich wieder hin, um zu warten, unter ihnen auch der einäugige Mann mit den Krücken, mit dem ich später noch sprach. Die meisten anderen verabschiedeten sich von John und Nicole, Christopher und Laurie, und gingen.

Um halb zwölf verabschiedeten sich einige von uns, auch Richard und ich, von John und Nicole und gingen nach Hause. Der Abschied von Stefan war schon früher geschehen. Am Dienstag Morgen um halb fünf rief Elaine an und teilte uns mit, dass Stefan im Kreis seiner Familie gestorben war.

Am nächsten Tag erzählte mir Nicole, wie sie ihn das letzte Mal gesehen hatte. Der Pfleger bat sie, den Raum zu verlassen, während er die Maschinen abhängte, die Stefan am Leben gehalten hatten. Als sie das Zimmer wieder betraten, war schon einer seiner Freunde dort und spielte auf seiner Gitarre sanft „Knocking on Heaven's Door". Stefan war wunderschön. Er sah nicht mehr verletzt aus.

Endlich hatte er Frieden. Der Freund schlug vor, sie sollten sich an den Händen fassen und das Vaterunser miteinander sprechen und während sie beteten, spielte er wieder leise und tröstete sie ein wenig.

Der Gedenkgottesdienst fand am darauffolgenden Samstag statt. Nicole und John wünschten sich einen Abendmahlsgottesdienst, wie wir ihn in Emmaus feiern, der von der Gemeinschaft ihrer Freunde und Freundinnen geplant und durchgeführt werden sollte. Gleichzeitig war es der Familie wichtig, dass Stefans Freunde und Freundinnen in diesem Gottesdienst einen zentralen Raum einnahmen – und uns allen, die von ihnen so sehr berührt worden waren, ging es genau so.

Über vierhundert Menschen nahmen an diesem Gottesdienst teil, sie füllten die Emporen der Friedhofskapelle und drängten sich bis in den Vorraum hinaus. Er begann damit, dass sechsundzwanzig Leute – Freunde, Freundinnen und Familienangehörige – für jedes Jahr in Stefans Leben eine Kerze hereintrugen und sie auf den Altar stellten neben die vielen Andenken aus seiner Kindheit und die Geschenke, die zusammen mit dem wunderschönen gelben Hemd in Stefans Krankenzimmer geblieben waren. Der Letzte, der seine Gabe hinstellte, war der einäugige Mann an Krücken.

Als Evangelientext wurden die Seligpreisungen nach Matthäus gelesen. Nachdem ich mich ein Leben lang gemüht hatte, ihnen einen Sinn abzugewinnen, berührte es mich seltsam, wie sie plötzlich lediglich eine unbeschreiblich bewegende faktische Beschreibung dessen waren, was ich gerade eine Woche lang selber erlebt hatte. „Selig sind, die da geistlich arm sind ... Selig sind, die da Leid tragen; denn sie sollen getröstet werden. Selig sind die Sanftmütigen ... Selig sind, die da hungert und dürstet nach der Gerechtigkeit ... Selig sind, die reinen Herzens sind; denn sie werden Gott schauen." Sie handelten von Stefan und den Menschen um ihn herum.

Danach folgte eine Zeit, in der alle, die wollten, nach vorne kommen und etwas sagen konnten. Viele taten es, aus ihnen allen ragen drei für mich besonders heraus. Der erste, der mich durch seine Fürsorge für Nicole und John beeindruckte, war ein Mann mit Pferdeschwanz und schwarzer Lederjacke um die vierzig. Er erzählte, wie er Stefan vor fünfzehn Jahren durch seine elfjährige Tochter kennengelernt hatte. Stefan wusste nicht, dass er der Vater des Mädchens war, grüßte aber jedes Mal, wenn er ihn sah: „Hallo, Kumpel, wie geht's?" Eines Tages entdeckte Stefan, dass er der Vater seiner Freundin war und nicht nur irgendein älterer Kerl, der bei ihr zu Hause herumhing. „Danach gab es nur noch ‚Ja, Sir' und ‚Nein, Sir'." Der Mann machte eine kleine Pause und wandte sich dann direkt an Nicole und John. „All das erinnert mich an Matthäus 7,20, wo es heißt: ‚An ihren Früchten sollt ihr sie erkennen'", sagte er. „Wie Stefan war, sagt mir etwas darüber, wie ihr seid. Er war so höflich und so großzügig und so freundlich und er hatte die seltene Gabe, Menschen zu befähigen, sich über das Leben zu freuen. Ohne Stefan wäre mein Leben nicht dasselbe gewesen. Ich möchte euch dafür danken, dass ihr seine Eltern wart. Gott segne euch", fügte er hinzu und setzte sich wieder.

Die zweite Person, deren unromantische, unendlich wertvolle Aufrichtigkeit im Blick auf Stefan für mich herausragt, war ein korpulenter, glatzköpfiger Mann in einem karierten Anzug, weißem Hemd und schmaler Krawatte. Er war Rausschmeißer in einem Klub und hatte jahrelang hin und wieder einmal mit Stefan gearbeitet. Er sprach gequält und direkt zu Stefan über ihre Freundschaft – „die Dinge, die wir zusammen gemacht haben ... Ich werde dir immer dankbar sein dafür." Er schloss unter großem Gelächter mit der ernstgemeinten Feststellung: „Stefan war ein guter Mann. Er tat nie jemandem irgendetwas, das er nicht verdient hätte!"

Der letzte Sprecher, dessen Zeugnis mir besonders im Gedächtnis haften geblieben ist, war ein etwas über vierzigjähriger früherer Ringkämpfer namens Arlo. Auch er begann damit, von seinen guten Zeiten mit Stefan zu erzählen und von seiner Trauer. Aber er schloss damit, dass Gott das Leben gegeben habe wie den Tod, und dass wir deshalb zwar traurig sein und Stefan vermissen würden, er jetzt hingegen an einem besseren Ort sein würde. Als ich den alten, abgedroschenen Ausdruck diesmal im Zusammenhang mit Stefans schwierigem Leben hörte, das er während der vergangenen zehn Jahre geführt hatte, empfand ich, dass er die Wahrheit sagte.

Nach den Zeugnissen leiteten Richard und Betsy die Eucharistie, die wir implizit schon die ganze Woche über gelebt hatten. Über Brot und Wein beteten wir mit den Worten, die wir in Emmaus jeweils an Ostern verwenden und sagten:

„Wir erinnern uns daran, dass du,
als wir selbst tot und begraben waren,
von Verrat und Erinnerungen gequält,
durch Trauer verletzt und in Sünde schlafend,
dem Tod verfallen,
uns nicht der Zerstörung überlassen hast,
sondern zu uns gekommen bist als einer von uns,
eingetreten bist in das Meer unseres Sterbens und Leidens,
um uns mit dir durch diese furchtbaren Wasser zu neuem Leben emporzuheben.
In dir erneuert die Auferstehungsfreude die ganze Welt,
bringt Hoffnung dorthin, wo es keine Hoffnung gibt,
lässt auf dürrem Boden Neues wachsen,
heilt die tödlichen Wunden unserer Trauer,
bringt Leben in unsere erstorbenen Herzen."

Gemeinsam beteten wir das Vaterunser, gemeinsam aßen und tranken wir. Ein paar von Stefans Freunden und Freundinnen sangen zwei Lieder, die sie für ihn geschrieben hatten, ich spielte etwas auf der Flöte, dann war der Gottesdienst zu Ende. Bis auf die Nachfeier, zu der die Leute nur so strömten, war damit auch Stefans Todeswoche vorbei.

Ja, meine Freundin, nun habe ich dir die Geschichte erzählt. Wenn ich jetzt noch einmal an die Fragen rund um Gebet und Heilung denke, die wir am Anfang dieses Briefes diskutiert haben, kann ich deine Frage an mich vernehmen: „All diese schrecklichen Ereignisse rund um Stefans Tod und Beerdigung – sag mir doch, was es genau war, wofür du Heilung für dich als nötig erkanntest und wie sie geschah."

Welcher unsichtbare Zusammenhang in mir brauchte Heilung? Kurz gesagt war es das: Seitdem ich angefangen hatte, von den Gelehrten des frühen Mönchtums in der Ägyptischen Wüste zu lernen und durch sie Segen zu erfahren, war ich immer der Überzeugung, dass es kaum etwas Zerstörerisches für die Liebe zu mir selbst und zu anderen geben konnte als Rechthaberei. Theodor von Pherme, einer jener Gelehrten, sagte: „Es gibt keine andere Tugend als die, nichts und niemanden zu verachten." Und ich hatte mir eingebildet, dies zu glauben und mich von ganzem Herzen zu bemühen, es zu praktizieren. Aber als ich mich tatsächlich mit Stefan und dem Kreis seiner Freunde und Freundinnen konfrontiert sah, machte ich eine niederschmetternde Entdeckung. Ich war ihnen gegenüber so voller Verachtung, dass ich sie alle abgeschrieben hatte als Menschen, deren Leben nichts bringt und – ich wage es kaum auszusprechen – nichts wert ist.

Wie konnte ich mich derart in Widerspruch zu der Überzeugung befinden, zu der ich mich bekannte? Ich war dazu fähig, weil ich so tief und automatisch in meiner eigenen Kultur verhaftet war, in der nicht Arbeit an sich, sondern nur eine bestimmte Art von Arbeit und Produktivität, nicht Stabilität an sich, sondern nur eine bestimmte Stabilität etwas gilt. Was mich allerdings noch darin bestärkte, die Lebensweise von Stefan und den Menschen um ihn herum abzutun, waren die Verlustangst, das Bedürfnis nach Stabilität und die Furcht vor Instabilität in mir selbst. Sie gingen nicht auf meine christlichen Werte zurück, sondern rührten von meinen Kindheitserfahrungen her.

Was tat Gott für mich? Das Gebet, das Gott mir gab, um mit Evagrius zu sprechen, diente dazu, mir meine Geringschätzung, mein unbewusstes Gefühl der Überlegenheit und die Angst vor jeglichem Verlust vorzuhalten, so dass ich mich darin erkennen konnte wie in einem Spiegel. Dann zeigte mir Gott an Stelle meiner Geringschätzung, wie durch die Verlässlichkeit, Tiefe und Güte der Liebe, die sie einander und uns anderen schenkten, Gottes Name in Stefans

Leben und im Leben seiner Freundinnen und Freunde um ihn herum geheiligt wurde.

Gleichzeitig machte Gott mir klar, wie es möglich gewesen war, dass die Pharisäer (zu denen ich schon von Berufs wegen gehöre), die an ihren eigenen Vorstellungen von Rechtschaffenheit festhielten, Jesus ablehnten, während jene wie Stefan und die seinen, die ein „unreines" Leben der Entbehrung und Instabilität am Rand der Gesellschaft führten, ihn mit Freuden akzeptierten. An welcher Stelle in den Evangelien preist Jesus denn meine gutbürgerliche Stabilität, die mir so wichtig ist? „Die Füchse haben Gruben, aber der Menschensohn hat nichts, wo er sein Haupt hinlege." „Lass die Toten ihre Toten begraben".[27] Um des Himmelreiches willen wollte ich alles verkaufen und stattdessen die kostbare Perle kaufen, den Schatz im Acker!

Bin ich also wirklich „geheilt" von meiner Verachtung? Ich würde es gerne annehmen, aber ich weiß zu viel aus eigener Erfahrung und von meinen Gelehrten aus dem alten Mönchtum, um es zu glauben. Diese verletzten Zustände von Geist, Herz und Wahrnehmungsvermögen, die sie Passionen nennen, sind zu tief in uns verwurzelt, um sie auf einen Schlag auszurotten. Dieses Unkraut herauszureißen ist Gebetsarbeit für ein ganzes Leben. Ich glaube allerdings auch, dass ich beim nächsten Mal, wenn die Versuchung zur Verachtung auftaucht, nicht mehr so überrascht sein werde. Während ich sie früher nicht einmal bewusst wahrgenommen habe, halte ich jetzt in meinem Herzen zumindest Ausschau nach ihr, bereit dagegen anzukämpfen. Und aus dem Wissen, das ich jetzt habe, wird es eine Sünde sein, wenn ich ihr nachgebe.

Bevor ich zum Schluss dieses Briefes komme, will ich dir noch etwas anderes sagen, das ich im Zusammenhang mit der Art von Gebet und Heilwerden bedacht habe, über die wir gesprochen haben. Es hat mit der Rolle und dem Ort von Dankbarkeit zu tun. Wenn ich auf jene Zeit im Krankenhaus und die Tage danach

---

[27] Matthäus 8,20 u. 22. Anm. d. Übers.

zurückblicke, erscheinen sie mir alle gekennzeichnet von einer heiligen Dankbarkeit gegenüber Nicole und John, die mich teilhaben ließen an dem, was ihnen geschehen war, gegenüber den Leuten im Krankenhaus für ihre Kompetenz und ihre zurückhaltende Freundlichkeit, gegenüber den Mitgliedern meiner Gemeinde für ihre Liebe zueinander und das Verlangen, die Last des Schmerzes, der über Stefans Familie kam, zu teilen, gegenüber Stefans Freunden und Freundinnen für ihre Bereitschaft, die unsichtbaren Grenzen zu überschreiten, uns zu erzählen, wer Stefan war und zu beten, und gegenüber Gott dafür, dass Gott alles und alle mit großzügiger Güte stützte und uns eins machte.

Aber was war das für eine alles durchdringende Dankbarkeit? Ich denke, früher betrachtete ich sie immer als eine Art Tugend, an deren Entwicklung wir arbeiten, als eine angemessene Erwiderung, die ich schuldig war, weil jemand – Gott oder eine sterbliche Person – etwas für mich getan hatte. Jetzt sehe ich Dankbarkeit als etwas ganz anderes an. Sie ist nicht etwas, was wir tun. Sie ist vielmehr ein Medium der Gnade, ein Geschenk Gottes, das unser Herz weich macht und es befähigt, die von Gott empfangenen Dinge zu sehen, zu hören und anzunehmen. Wie das Salböl, das Maria über Jesu Füße goss, wie das gelbe Hemd, das sein Freund in Stefans Zimmer hing, ist sie verschwenderischer Ausdruck der reichen Fülle göttlicher und menschlicher Liebe, die alles erträgt, alles glaubt, alles hofft und alles duldet. Wenn wirklich Gott das Gebet schenkt, dann tut Gott das oft in der Form von Dankbarkeit, und wenn sie im Gebet aufmerksam empfangen wird, hat sie allein schon eine heilende Wirkung auf das Herz. Das Gebet ist eine geheimnisvolle Angelegenheit und doch so normal und alltäglich.

In tiefer Verbundenheit

Roberta

Sechstes Kapitel

Ein Baum im Wald und ein Baum auf dem Feld: Geheimnisse

Meine liebe Freundin,

im Blick auf all das, wonach du und ich im Gebet gesucht haben einerseits und auf unser aufrichtiges Verlangen, uns auf diese Suche zu begeben andererseits, stellst du in deinem letzten Brief die Frage, was in uns es denn genau sei, das uns zu Gott hinziehe. Ist es etwas, das von Natur aus allen menschlichen Wesen zu eigen ist oder etwas, das wir uns durch die Kultur, in der wir leben, aneignen? Ob es angeboren sei, fragst du dich, und wonach genau wir eigentlich suchen. Ist es etwas Erlernbares, und wenn ja, wie können wir es dann lernen?

Wie viel Zeit habe ich im Lauf der Jahre selbst schon auf das Nachdenken über diese Geheimnisse aufgewendet! Zu diesem Thema sind so viele philosophische, soziologische, anthropologische, religionsgeschichtliche, psychologische und theologische Bücher geschrieben worden, dass eine ganze Armee von Suchenden für die nächsten zwanzig Jahre mit Lesestoff versorgt werden könnte. Aber mir ist klar, dass du von mir nicht einen Überblick über die dort vertretenen Ansichten erwartest, du kennst dich da besser aus als ich. Du fragst mich nach meiner persönlichen Meinung und so will ich mir alle Mühe geben, dir diesen Wunsch zu erfüllen.

Lass mich zunächst festhalten, was auf der Hand liegt: Fast alles, was ich über das vielschichtige Thema Gebet weiß, stammt aus der Auseinandersetzung mit der Theologie und Praxis der Alten Kirche, die ich studiere, in Verbindung mit meiner persönlichen Erfahrung, meinem Gebet und meiner theologischen Reflexion. Dies gilt gerade auch für diese Fragestellungen. Ich bin grundsätzlich der Ansicht, dass wir am besten über komplizierte Dinge sprechen können, mögen sie Gott oder die Menschen betreffen, wenn wir nicht mit den ordentlichen, aalglatten Theorien zu den Sachverhalten anfangen, sondern mit konkreten, chaotischen, mehrdeutigen Geschichten. Wenn diese Geschichten einmal erzählt sind, befinden wir uns in einer Position, aus der wir versuchen können, ihnen einen Sinn abzugewinnen. Unter dieser Voraussetzung wird es dich nicht überraschen, wenn ich dir als Antwort auf deine Fragen zwei wahre Geschichten erzähle. Anschließend werde ich jede davon aus der Sicht dessen beleuchten, was ich von meinen Gelehrten aus der Alten Kirche gelernt habe.

„Glaubst du an die Prädestination oder an den freien Willen?“, fragte Onkel Quentin Großtante Nacky.

Onkel Quentin und Tante Nacky hatten vergessen, dass ich flach ausgestreckt und still auf dem Rücksitz von Tante Nackys neuem blassblauen viertürigen 49’er Plymouth lag. Unter dem weißen Piqué-Rock, den meine Mutter genäht hatte, und dem gekräuselten engen Oberteil straffte sich mein Körper und ich hielt die Luft an, um die Antwort nicht zu verpassen. Ich war neun Jahre alt und meine Mutter, meine zwei kleinen Brüder und ich waren aus New York zu unserem alljährlichen Besuch auf die Farm meiner Großeltern nach Union County in Kentucky gekommen.

An diesem Abend befanden sich Tante Nacky, Onkel Quentin und ich auf dem Heimweg vom vierten Abendgottesdienst der jährlichen Erweckungsversammlungen in der Baptistenkirche von Pond Fork. Zu der weißen Holzkirche am Großen Graben, draußen neben dem Haus von Onkel Bob und Tante Ida, gehörten meine Verwandten. Onkel Quentin fuhr. Er war der jüngste Bruder meiner Mutter und verbrachte den Sommer zu Hause. Im Herbst wollte er sein Studium an der juristischen Fakultät der Universität von Kentucky aufnehmen. Ich mochte Quentin. Da er selbst noch nicht ganz erwachsen war, hatte ich weniger Angst vor ihm als vor anderen erwachsenen Leuten, außerdem war er lustig.

Tante Nacky mochte ich nicht nur, ich verehrte sie. Sie war die exzentrische, dramatische, übersprudelnde dritte Schwester meiner

Großmutter und wusste mit Kindern umzugehen. Tante Nacky hatte dreißig Jahre lang die zweite Klassenstufe an der Grundschule in Sturgis unterrichtet und nicht nur ich, sondern mehr oder weniger alle Männer, Frauen und Kinder über sieben in ganz Union County liebten sie. Dies änderte allerdings nichts an der Tatsache, dass sie eine miserable Autofahrerin war. Tante Nacky setzte jedes Jahr einen anderen Neuwagen gegen den immer gleichen, ungünstig stehenden Baum an der Straße, auf der wir gerade fuhren, mit dem Ergebnis, dass er nur noch Schrottwert hatte. Aus diesem Grund saß Onkel Quentin am Steuer. Meine Mutter ließ mich nur unter der Bedingung mit Tante Nacky zu Großmutters Haus zurückfahren, dass jemand anders den Wagen lenkte.

An diesem Abend wäre mir allerdings jeder Fahrstil egal gewesen. Ich schaute durch das Fenster nach oben in die Finsternis des dunklen Sommerhimmels und nahm weder das flache, knirschende Geräusch der Reifen auf der frisch mit Split abgestreuten Schotterstraße richtig wahr, noch den Gesang der Zikaden, deren säuselnder Klang sich wie aufsteigendes und abfallendes Schnaufen anhörte. Wir fuhren durch hochsommerliche Maisfelder, Heuwiesen und Viehweiden, aber die moschusartig riechenden Ausdünstungen von Wild- und Haustieren, der scharfe Duft nach Unkraut und Feldfrüchten und sogar der sich damit vermischende seltsame Geruch der kratzenden Wollpolster, auf denen ich lag, drangen kaum zu mir durch.

Stattdessen wälzte ich dort auf dem Rücksitz schwerwiegende theologische Gedanken. Ich machte mir klar, was ich alles über Gott, den Glauben und seine Inhalte wusste und überlegte, ob ich alles hatte, was ich brauchte, um gerettet zu werden. Es war panische, schmerzhafte Arbeit, wie ich sie noch nie verrichtet hatte.

Bis zu diesem Sommer hatte ich uneingeschränkten Gefallen daran gefunden, mit meinen Großtanten in die Baptistenkirche von Pond Fork zu gehen. Das alte Gebäude mit dem abgewetzten Fußboden, den harten Holzbänken, dem Kanonenofen und den hohen Fenstern war in meinen Augen wunderschön. Ich fand es toll, an den Sonntagsschulstunden in den lustigen Räumen auf der engen

Empore teilzunehmen, die durch lange beigefarbene Vorhänge voneinander abgetrennt wurden.

Ich liebte die Kinderwochen. Die Ferienbibelschule fand immer parallel zu den abendlichen Erweckungsversammlungen statt. Noch am selben Morgen hatte ich mit großem Spaß den eigensinnigen Interpretationen gelauscht, mit denen meine Großtante Ginny bekannte biblische Geschichten erzählte, kreuzförmige Buchstützen aus Gips gebastelt, während der Pause weiche selbstgemachte Butterkekse gegessen und rotes Koolaid[28] aus einem Pappbecher getrunken.

Ich war nicht darauf vorbereitet, dass an diesem Abend alles anders werden sollte, denn auch die Gottesdienste liebte ich, sogar die langweiligen Teile davon. Völlig unerwartet packte und verwirrte mich das, was ich an diesem Ort schon tausendmal gehört hatte, ohne Schaden zu nehmen. Jetzt fürchtete ich mich zu Tode.

Die Erweckungsversammlung an diesem glühend heißen, schwülen Juliabend hatte ganz normal angefangen. Mütter und ältere Damen fächelten sich wie immer mit ihren Fächern der Whitsel-Brothers-Leichenhalle Luft zu. Es gab die üblichen Gebete um Gottes erweckenden und reinigenden Geist, dazwischen dramatische Choräle, in denen das Blut nur so floss, und Bibellesungen zum Thema Gericht.

Dann begann Bruder Smith mit seiner Botschaft. Als Text hatte er die Geschichte des reichen Kornbauern gewählt, der seine Scheunen niederriss, um sie noch größer wieder aufzubauen. Der Prediger begann mit einer sehr detaillierten Nacherzählung der Geschichte. Er erinnerte uns daran, dass der Scheunenbauer nicht daran dachte, dass Gott in der richtigen Stimmung durchaus imstande wäre, unvorbereitete, unbußfertige, ungläubige Männer, Frauen oder kleine Mädchen tot umfallen zu lassen, wie es ihm

---

[28] Getränkepulver, das mit Zucker und Wasser angerührt wird. Anm. d. Übers.

gerade gefiele. Außerdem hätte der Scheunenbauer probiert, die Abgabe des Zehnten an seine Kirche zu umgehen.

Ich hatte bereits panische Angst, aber der Prediger kam erst richtig in Fahrt. Bruder Smith wurde mehrfach sehr laut, senkte die Stimme dann wieder zu einem Flüstern, zitierte viele Bibelstellen und bemühte sich, seine kleine, aus fleißigen Farmern, erschöpften Frauen und unruhig zappelnden Kindern bestehende Gemeinde davon zu überzeugen, dass jeder und jede einzelne von ihnen sündig waren, noch schlimmer als der Scheunenbauer, und sich im Verborgenen oder offen in der Sünde suhlte. Ihre Sünden – unsere Sünden – waren Unglaube, Ungehorsam Gott gegenüber, Schwören, Trinken, Ehebruch (Was bedeutete Ehebruch? Hoffentlich gehörte es zu den Dingen, die die Erwachsenen betrafen und von denen mir immer gesagt wurde, ich würde es verstehen, wenn ich älter sei. Wenn es bloß nicht etwas war, von dem ich gar nicht wusste, dass ich mich schon schuldig gemacht hatte!), Kartenspielen, Rauchen, Begehren, falsches Zeugnis ablegen und Kleinglaube.

Nachdem es eine ganze Weile lang so gegangen war, kam Bruder John zu seiner dreigliedrigen Schlussfolgerung, auf die er die ganze Zeit hingezielt hatte. Sein erster Punkt ging etwa so: Weil wir alle derart hoffnungslose Sünder waren, verdienten wir allesamt die glühende Hölle und den grausamen Teufel, der unter uns schon mit offenem Mund auf uns wartete, und praktisch allen von uns würde genau das widerfahren. Es war Gottes Absicht, Gottes Prädestination, uns in der Hölle landen zu lassen und wir waren auf dem direkten Weg dorthin, mehr gab es dazu nicht zu sagen. Die Gemeinde stöhnte auf. Jemand brüllte „Gott bewahre!"

Bruder Smith kam zu seinem zweiten Punkt. Mit einigen Leuten, flüsterte er, mit einigen wenigen Glücklichen, die jetzt in diesem Raum waren, würde Gott unendliches Erbarmen haben, nicht etwa, weil sie gute Menschen waren, „denn sie sind allesamt Sünder und ermangeln des Ruhmes, den sie bei Gott haben sollten"[29], sondern

[29] Römer 3,23. Anm. d. Übers.

schlicht und einfach weil es Gottes Entschluss war, sie zu retten, weil Gott sie zum Heil prädestiniert hatte. Daraufhin erhoben sich einzelne „Gott sei uns gnädig"- und „Sag es uns, Bruder"-Stimmen über das Jammern.

Vor dem Hintergrund der weiter stöhnenden Gemeinde erreichte ein schwitzender Bruder Smith endlich den dritten Punkt seiner Schlussfolgerung, auf den hin er den ganzen Abend aufgebaut hatte. Sogar für jene, die Gott in seinem grenzenlosen Erbarmen zu erretten beschlossen hatte, sagte er uns jetzt, gab es nur einen Weg, auf dem wir Rettung beanspruchen konnten: Wir mussten „Buße tun und an die Gute Nachricht von Jesus Christus glauben". Wir mussten glauben, dass Gott uns liebte und „Jesus als unseren persönlichen Herrn und Heiland annehmen".

Kurz danach rief der Prediger nach vorne und die Gemeindeglieder rutschten von der Vorderkante, lehnten sich mit gesenkten Köpfen und geschlossenen Augen in die Bänke zurück und sangen „Jesus ruft dich sanft und liebevoll". Völlig abgekämpft warteten sie auf das Geräusch von Schritten auf dem Holzboden, das entweder eine Person anzeigte, die so viel Angst bekommen hatte, dass sie zum ersten Mal nach vorne kam, um sich zum Namen Jesu zu bekennen, oder eine, die dermaßen eingeschüchtert war, dass sie ihr Leben zum wiederholten Mal Jesus übergab.

Obwohl mich meine Angst fast um den Verstand brachte, wusste ich mich zu keiner der beiden Kategorien zugehörig. Vornüber gebeugt, das Gesicht in den Händen vergraben, saß ich auf meinem Platz in der alten Holzbank zwischen Großtante Nacky und Großtante Ginny und tat unaufhörlich Buße, während sich mein Magen unter einer Angstwelle nach der anderen zusammenzog, als ob ich mich übergeben müsste. „Glaube!", schrie der Prediger und ich glaubte. Ich glaubte an jede kleinste Einzelheit der schlechten Nachricht von Jesus, ohne sie in Frage zu stellen, an meine Sündhaftigkeit, an meinen Tod, von dem ich wusste, dass er genauso in einem unerwarteten Moment über mich hereinbrechen konnte wie es beim Scheunenbauer gewesen war, und an Gottes schreckliches

Gericht, das mich erwartete und zu dem ich vorherbestimmt war.

Alles andere konnte ich nicht glauben. Ich mochte die Zähne noch so sehr zusammenbeißen und mich noch so sehr anstrengen, ich konnte einfach nicht glauben, dass Gott mich liebte. Ich konnte nicht glauben, dass Gott mich retten wollte und ich konnte nicht glauben, dass ich es jemals glauben könnte. Ich hielt meine neunjährigen Hände vor mein neunjähriges Gesicht und durchkämmte mein Herz wie mit einem Läusekamm nach einem einzigen Zeichen, von dem ich glaubte, dass es mich retten könnte, aber ich fand keines. Ich wusste, dass ich zu den Verdammten gehörte.

Als sich nach dem Schlussgebet alle erhoben und zum Gehen wandten, konnte ich kaum aufstehen. Meine Knie zitterten vor Angst und mein Mund war völlig ausgetrocknet. Ich klammerte mich verzweifelt an Großtante Nacky. Ich brauchte sie. Sie musste mir sagen, ob ich einen Teil des Evangeliums verpasst oder nicht verstanden hatte, der mir zum Glauben helfen könnte. Sie musste mich vor dem Zorn der Hölle retten.

Aber wie konnte ich von ihr bekommen, was ich brauchte? Mit Sicherheit nicht dadurch, dass ich sie oder eine andere erwachsene Person direkt fragte. Zu Hause in New York konnte ich keine Fragen zum Thema Religion stellen. Es war zwar nicht direkt verboten, über Religion zu sprechen, aber der Effekt, den diese Diskussionen auf unseren Haushalt hatten, kam dem fast gleich. Wenn das Thema angeschnitten wurde, erzählte mein zynischer, charmanter, intelligenter, perfektionistischer und autoritärer New Yorker Vater (den ich bewunderte, liebte und fürchtete) Geschichten, die illustrieren sollten, dass organisierte Religion Gaunerei war, dass alle Prediger, Priester und Pastoren nur Kasse machen wollten und dass Leute, die so blöd waren, ihnen auch nur eine ihrer Aussagen zu glauben, lediglich bekamen, was sie verdienten.

Die Geschichten meines Vaters verärgerten und verletzten meine Mutter und brachten sie uns gegenüber in eine schlechte Position. Sie wollte offensichtlich weder, dass wir ihm zuhörten, noch dass wir sie oder ihn dazu befragten, denn sie war aus Prinzip immer einer Meinung mit meinem Vater, er hätte sogar süß für salzig erklären können. Außerdem war ich kein Dummkopf. Ich wusste, dass sie in eben der Baptistenkirche von Pond Fork groß geworden war, in der ich mich gerade fast zu Tode geängstigt hatte. Ich vermutete schon immer, dass sie glauben musste, was dort gepredigt wurde. Ich hatte auch keinen Grund zur Annahme, dass sie Fragen hatte im Blick auf Gott, Glauben, Hölle, Sünde oder andere Dinge, die mich beunruhigten. Ich glaubte, sie würde mich für böse halten, weil ich diese Zweifel hatte und durch meine Fragerei außerdem für Unruhe in der Familie sorgte.

Auch von meiner kirchlichen Verwandtschaft in Union County konnte ich niemanden fragen, nicht einmal Tante Nacky. Mir schien klar, dass schon die Andeutung einiger Fragen meiner Großmutter oder meinen Großtanten gegenüber genügen würde, um ihnen blitzartig klar zu machen, dass ich „keinen Glauben hatte" und deshalb nicht gerettet war. Und außerdem lachten mich viele meiner Cousins sowieso schon aus, weil ich wie eine Yankee war und redete. Meine eigene potentielle Demütigung, aber auch ihr Mitleid und ihr Hohn angesichts meines Unglaubens erschienen mir unerträglich.

Das war der Grund, warum ich auf Tante Nackys Rücksitz liegend alles noch einmal durchging, was ich in der Baptistenkirche von Pond Fork über Glauben und Rettung gelernt hatte.

Bis jetzt, auf halbem Weg zwischen Pond Fork und der Farm meiner Großmutter, standen die Aussichten schlecht. Ich hatte mir gerade vor Augen geführt, dass ich einerseits an die Zehn Gebote glaubte (Tante Ginny hatte sie uns am Dienstag in der Bibelschule auswendig lernen lassen), andererseits aber nicht, weil ich mich nicht daran hielt. Obwohl ich versuchte, „das Rechte zu tun" und mich wirklich von ganzem Herzen danach sehnte, gut zu sein, schaffte ich es nie. Besonders mit meinem Vater hatte ich ständig Ärger wegen meines Ungehorsams und ich wusste, dass das gleichzeitig Ungehorsam gegenüber Gott war. Ich hatte Angst vor meinem Vater und legte daher ständig falsches Zeugnis ab, weil ich ihn anlog. Ich fühlte mich schrecklich, weil mein Zimmer zu Hause chaotisch war, weil ich überall meine Pullover verlor, weil ich habgierig und egoistisch war, weil meine ewig unvollständigen Hausaufgaben verschmiert waren und Eselsohren aufwiesen und ich es trotz aller Bemühungen einfach nicht besser hinkriegte. Für all diese Dinge verdiente ich mindestens die Hölle.

Und doch wusste ich, wenn es mir gelänge, diese Dinge intensiv zu bereuen und nicht mehr zu tun, würde Gott mir vergeben. Aber es gab daneben noch zwei weitere Sündenkategorien, bei denen es hoffnungslos aussah, denn ich konnte mich trotz aller Bemühungen nicht dazu bringen, sie nicht zu begehen. Die erste hatte mit dem zu tun, was ich jetzt als Erwachsene Veranlagungen, Einstellungen und sogar Tugenden nennen würde. Das neunjährige Mädchen von damals nannte es Gefühle.

In Pond Fork wurde viel Zeit damit zugebracht, den Leuten immer wieder in Erinnerung zu rufen, was sie über akzeptable und inakzeptable Geisteszustände für Christinnen und Christen bereits wussten. Auf der positiven Seite erschien natürlich die Notwendigkeit, allen Liebe und Vergebung entgegen zu bringen, wofür Vertrauen und Gehorsam Gott gegenüber grundlegend waren. Diese Tugenden und Veranlagungen wurden durch zwei der beliebtesten Lieder in Pond Fork gut illustriert: „Wie lieblich ist es, Jesus zu vertrauen" und „Vertrau und sei gehorsam". Auf der Negativseite standen in erster Linie Zorn, aber auch Egoismus und Ungehorsam ganz oben auf der Liste.

Ich lag auf dem Rücksitz von Tante Nackys Plymouth und wusste schon allein beim Gedanken an meinen Zorn, dass ich da ein Problem hatte. Ich dachte an meine Kämpfe gegen den Dauerzorn auf meinen menschlichen und meinen göttlichen Vater. Ich mochte eine Sünderin sein, aber ich hasste, wie sie mich herumkommandierten, mich gefügsam machten, mich bewerteten und mich abtaten, als sei ich ihnen nichts wert. Ich führte mir außerdem vor Augen, dass ich trotz aller gegenteiligen Anstrengungen auf die meisten anderen Erwachsenen in meinem Leben und auf meinen kleinen Bruder Fred ebenfalls wütend war. Jesus ließ keinen Zweifel daran, dass Christinnen und Christen Gott lieben und die Nächsten lieben sollten wie sich selbst, ich aber war meistens zu zornig oder zu verletzt, um großartig zu lieben, und deshalb erschien auch hier die Aussicht auf Rettung ziemlich hoffnungslos.

Als ich in meinen Überlegungen schließlich bei der dritten Kategorie von Sünde ankam, bei der es mir trotz aller Anstrengung absolut unmöglich erschien, sie nicht zu begehen, schloss ich endgültig, dass es wirklich keine Hoffnung für mich gab. Dieser dritte Sündentyp hatte mit meiner durchgehenden Unfähigkeit zu tun „einfach zu glauben", dass die Erzählungen der Erwachsenen der Wahrheit entsprachen. Zu deiner Information sei gesagt, dass längst nicht alles, was ich nicht glauben konnte, von offenkundig religiösem Inhalt war. Zu Hause sagte mir meine Mutter beispielsweise, ich müsste glauben, dass es meinem Vater weh tue, mich zu bestrafen. In der Schule erzählte uns die Lehrerin, wir müssten glauben, dass nie eine Bombe auf unsere Grundschule abgeworfen würde, obwohl regelmäßig Luftalarm-Übungen zum Schutz vor der Bedrohung durch russische Atombomben stattfanden. Im Radio war ständig die Rede davon. Von braven Kindern wurde erwartet, dass sie glaubten, was ihnen gesagt wurde, auch wenn es dem, was sie mit ihren eigenen Sinnen erkannten, widersprach. Wenn wir äußerten, es nicht zu können, wurden wir bestraft.

In der Baptistenkirche von Pond Fork handelte es sich bei dem, was ich glauben musste, überwiegend um religiöse Sachverhalte und dabei gab es drei Sorten. Die erste hatte mit der Bibel zu tun. Ich musste zustimmen, dass alles, was in der Bibel steht, genau so passiert ist, wie die Bibel es sagt – im Alten Testament die Geschichten von Adam und Eva, von der Teilung des Roten Meers und von Jona, den ein Wal verschluckte. Im Neuen Testament musste ich an die Wundergeschichten Jesu glauben, daran, dass Jesus Gott war und dass Gott alles gibt, worum jemand bittet, wenn er oder sie den Glauben eines Senfkorns hat. Außerdem musste ich glauben, dass Jesus von den Toten auferstand, an das Paradies nach dem Tod, dass alle Menschen sündig sind und als Allerwichtigstes an die Wiederkunft und das Jüngste Gericht.

Obwohl ich mir wirklich Mühe gab, konnte ich außer den Aussagen über meine Sündhaftigkeit, das Jüngste Gericht und die Hölle, die mir absolut glaubwürdig erschienen, kaum etwas davon glauben. Es war zu viel für meinen gesunden Menschenverstand. Ich konnte einfach nicht leugnen, dass niemand bei der Erschaffung der Welt dabeigewesen war und berichten konnte, was dort geschehen war. Ich konnte nicht leugnen, dass ich nie ein Wunder gesehen hatte und dass noch nie jemand tatsächlich aus dem Tod zurückgekehrt war, um sagen zu können, ob es einen Himmel und eine Hölle überhaupt gibt.

Die zweite Art von Sachverhalten, die ich über Gott glauben sollte, war einerseits einfacher, andererseits schwieriger. Ich musste glauben, dass Gott unser Vater war, so wie mein eigener Vater, nur größer und anspruchsvoller. Ich glaubte es nur halbwegs, aber es war plausibel. Im Gegensatz zum menschlichen Versagen war Gott, der Vater, „rechtschaffen, gerecht und gut". Gott hasste die Sünde und war zornig über mein Versagen und meine Unvollkommenheit. Auch das erschien glaubwürdig. Gott war allmächtig, aber er liebte mich. Er würde mich endlos bestrafen, wenn ich mich nicht zu seiner Liebe bekannte, die so groß war, dass er seinen eigenen Sohn an meiner Stelle hatte sterben lassen, und ihn meinerseits dafür liebte. Zumindest das erschien mir einleuchtend.

Das dritte, woran ich wirklich unbedingt glauben musste, war dies: Ich musste glauben, dass der Mensch Jesus Gottes einziger Sohn und gleichzeitig „der einzige Weg zum Vater" war. Jede Person, die nicht an Jesus allein glaubte, war verdammt. Das konnte ich einfach nicht glauben, so sehr ich mich auch anstrengte. Gerade in jenem Jahr hatte ich mit meiner vierten Klasse das Metropolitan Museum besucht. Was sollte mich dazu bewegen, nicht zu wissen, dass die meisten Menschen der Weltgeschichte – ob sie nun ägyptisch, griechisch oder römisch, hinduistisch oder buddhistisch waren – keinen christlichen Glauben hatten? Die Statuen ihrer Götter und Göttinnen hatte ich mit eigenen Augen gesehen. Ich konnte nicht umhin zu wissen, dass all jene Leute mindestens so entschlossen an ihre Götter und Göttinnen glaubten, wie mir zu glauben befohlen wurde. Wie kamen die Leute von Pond Fork darauf, dass sie im Recht und die allermeisten anderen Menschen und ihre Zivilisationen im Lauf der vielen Jahrhunderte im Unrecht waren? Welches göttliche Wesen würde all diese Menschen zur Hölle verurteilen, nur weil sie Dinge glaubten, die sie für wahr hielten?

Gerade als ich verzweifelt über dieser letzten Frage brütete, brach die junge Anwaltsstimme von Onkel Quentin das dumpfe Schweigen in Tante Nackys hellblauem 49'er Plymouth.

„Tante Nacky“, sagte Quentin, „glaubst du an den freien Willen oder an die Prädestination?“

Quentin hatte meine Gedanken gelesen. Genau an dieser Frage stand ich selber auch. Ich hielt den Atem an und rührte mich nicht, um zu hören, was Tante Nacky sagte.

Tante Nacky nahm die Frage ernst und beantwortete sie nicht sofort, aber als sie es dann tat, traf sie den Kern der Sache, die ich wissen wollte.

„Freier Wille oder Prädestination?“, sagte Tante Nacky. „Ich vermute, menschliche Wesen haben die Wahl, ob sie eigenwillig und bockig sein wollen oder nicht, aber ich kann mir nicht vorstellen, dass unser guter Herr will, dass irgend eins seiner Kinder zur Hölle fährt, mag der alte Bruder Smith sagen, was er will. Es gibt nicht nur einen Weg, auf dem Menschen gerettet werden.“ Sie machte eine Pause, dachte noch eine Weile weiter über alles nach und meinte dann: „Ich schätze, Gott weiß sowieso, dass die meisten Menschen die Dinge, die sie tun, meistens so gut tun, wie sie nur können.“

Das Schluchzen, das in der vergangenen Stunde meinen Brustkorb durchzuckt hatte, begann nachzulassen. Ich war doch nicht auf dem Weg zur Hölle. Ich wartete darauf, dass noch mehr kam, aber

Quentin antwortete nicht und Tante Nacky sprach nicht weiter.

Im Moment war alles in Ordnung. Obwohl am nächsten Morgen die Angst vor Gott und die Wut auf die Erwachsenen in meinem Leben, die nie der Meinung waren, dass ich mein Bestes gab, wieder brennend an mir nagen würde, zweifelte ich in diesem Augenblick nicht im geringsten daran, dass Tante Nackys Worte stimmten. Und das reichte mir. Damit konnte ich die Nacht überstehen.

Und nun? War der religiöse Impuls jener kleinen Roberta erlernt oder angeboren? Ich habe mittlerweile den Eindruck, dass der Großteil ihrer religiösen Motivation sowie die äußere Gestalt und Form ihres religiösen Lebens nicht angelernt, sondern eingebläut worden war. Das betrifft sowohl Oberflächliches als auch tief Innerliches. Welche Mühe hatten die Leute, die in der Baptistenkirche von Pond Fork lehrten und predigten, darauf verwandt, nicht nur ihr eigenes Verständnis christlicher Glaubensinhalte zu vermitteln, sondern auch das Verlangen danach zu wecken! Wie sorgfältig hatten sie ihr nicht nur beigebracht, was in der Bibel steht, sondern auch, wie sich das menschliche Herz dazu stellen sollte! Mit welcher Aufmerksamkeit hatten sie ihren Schlaf besetzt mit Gerichtsträumen, Angst vor Gott und der Sehnsucht, nicht nur von Gott, sondern vom ganzen Universum akzeptiert zu werden! Wie hart hatte ihr Vater daran gearbeitet, seine Autorität über sie zu etablieren! Ihr beizubringen, dass es ihr nur zum besten diente, ihn zu fürchten! Sie zu einem unhinterfragten Glauben an das zu erziehen, was er ihr sagte! Und das, was er für ihre vermeintliche Anlage zu Leichtgläubigkeit in allen religiösen Fragen hielt, zu zerstören!

Sie hatten großen Erfolg. In Pond Fork lernte ich, was von mir erwartet wurde. Auch was mein Vater mir beibringen wollte, lernte ich prima. Ich war dazwischen gefangen und baumelte unter entsetzlichen Qualen über dem Höllenfeuer.

Was mich damals schließlich rettete, nicht vor dem Höllenfeuer, aber vor totaler und absoluter Verzweiflung, war etwas ganz Anderes. Es war die Chance, auf dem Rücksitz von Tante Nackys Plymouth ganz zufällig eine neue, der Wahrheit viel nähere und belebendere Sicht von Gott und Gottes Einstellung zu den Menschen kennenzulernen. Dieses Geschehen war und ist ein Geheimnis. Niemand hatte die Absicht, mir beizubringen, was ich in jener Nacht lernte. Wenn sie daran gedacht hätte, dass ich zuhören könnte, hätte Tante Nacky das alles wahrscheinlich gar nicht gesagt.

Weit geheimnisvoller ist für mich bis zum heutigen Tag weniger die Tatsache, *dass* ich gelernt habe, sondern dass ich lernen *wollte* und *konnte* – dass ich nicht nur hörte, sondern glaubte, was Tante Nacky sagte. Ohne den geringsten Zweifel wusste ich, dass sie Recht hatte. Wie war es möglich, dass ich in dem Moment, als ich ihre Worte hörte, wusste, dass sie wahr waren? Sie widersprachen ja nicht nur allem, was mir ausdrücklich gesagt worden war, sondern auch fast meiner gesamten Erfahrung. Wie war es möglich, dass ich die Wahrheit, die gute Wahrheit, trotzdem erkannte, als ich sie hörte?

Heute glaube ich, dass es in meinem Herzen ein angeborenes, gottgegebenes Verlangen nach Gott gab, das mir diese Erkenntnis ermöglichte. Aber die Frage, was der religiöse Impuls letztlich ist, ist damit noch nicht beantwortet.

Augustin, der große afrikanische, christliche, neuplatonische Theologe des fünften Jahrhunderts, beginnt sein langes autobiographisches Gebet, die *confessiones*, mit einer Besinnung über das Menschsein. „O Gott“, betet er, „du hast uns zu dir hin geschaffen, und unser Herz ist unruhig, bis es Ruhe findet in dir.“ Für Augustin wäre es kein Problem gewesen zu erklären, was mit mir passiert war: Es war meine angeborene Sehnsucht nach Gott, die mich rettete.

Aber was ist das für eine Sehnsucht und was hat das Verlangen nach Gott mit dem Rücksitz von Tante Nackys flottem Auto zu tun? Als christlicher Neuplatonist war Augustin davon überzeugt, dass alles, was ist, in einer Beziehung zu Gott steht und lediglich durch ein urzeitliches, unbeseeltes Verlangen nach Gott zu dem werden kann, was seine eigentliche Bestimmung ist. Gott selbst zieht alle

Dinge zu sich und es ist Gottes Verlangen nach ihnen, das sie zu dem werden lässt, wozu sie bestimmt sind. Deshalb können sich Löwen wie Löwen verhalten und nicht wie Regenwürmer, deshalb wachsen aus Eicheln Eichen und kein Rhabarber. Eine ziemlich merkwürdige Vorstellung, findest du nicht? In bestimmter Hinsicht werden auch nach dem Bild Gottes geschaffene Menschen nur zu wahren Menschen, die wachsen und gedeihen können, insofern sie nach Gott verlangen.

Sowohl christliche als auch nichtchristliche neuplatonische Gelehrte sind daher der Ansicht, dass diese angeborene, gottgegebene Sehnsucht nach Gott im Menschen aus drei Elementen besteht. Das erste ist die Sehnsucht nach *Güte, denn Gott ist gut*. Aber – und das ist das wirklich Wichtige daran – weil wir nach dem Bild der Güte Gottes geschaffen sind, sehnen wir uns auch danach, selbst gut zu sein. Manchmal, sogar häufig, geraten Menschen durch die Gegenwart der Sünde in unserer Welt in Verwirrung darüber, was Güte tatsächlich ist, und als Ergebnis wollen und tun sie schreckliche Dinge, ohne es zu beabsichtigen. Das aber zerstört die ursprüngliche Sehnsucht nicht. Es ist Güte, dass sogar verbogene Menschen ein Verlangen haben, weil sie so geschaffen sind. Ich glaube, dass es diese Sehnsucht nach Güte menschlicher und göttlicher Natur war, vermengt mit der Angst vor der Hölle und dem Wunsch zu gefallen, die jenes im Auto liegende und das Erlernte abwägende Kind dazu brachte, für sich selbst einen Weg ins Leben und nicht in den Tod zu suchen.

Doch das war noch nicht alles. Unseren christlichen neuplatonischen Gelehrten zufolge ist das zweite Element des Verlangens nach Gott ein Verlangen *nach Wahrheit, denn Gott ist die Wahrheit*. Es ist für dich vielleicht keine überraschende Entdeckung, dass eine Korrespondenz zwischen Gottes Wahrheit und menschlicher Wahrheit existiert. So wie gleichermaßen Gottes Güte und menschliche Güte miteinander korrespondieren. Da wir Menschen nach Gottes Bild geschaffen sind, sind wir hinsichtlich der Wahrheit mit einer angeborenen Fähigkeit ausgestattet. Wir ersehnen und brauchen Wahrheit, um zu gedeihen. Wir bemühen uns um wahre Erklärungen für die Welt um uns herum. Wir erkennen die Wahrheit, wenn wir ihr begegnen. Es setzten gerade diese Gabe, dieses zweite Element des religiösen Impulses, dieses Verlangen nach Wahrheit und die Fähigkeit, sie als solche wahrzunehmen, mich als Kind in die Lage, die Wahrheit in Tante Nackys Worten zu erkennen, obwohl mir das Gegenteil davon beigebracht worden war.

Diese Elemente – die Sehnsucht nach Güte und das Verlangen nach Wahrheit – sind aber nur zwei der drei Elemente, die nach der christlichen neuplatonischen Lehre den angeborenen religiösen Impuls, das Verlangen nach Gott ausmachen. Bevor ich vom dritten Element spreche, will ich dir noch eine weitere Geschichte von jenem Kind erzählen.

Es war ein bitterkalter Oktober eineinhalb Jahre später. Ende des Monats mussten wir an Halloween Mäntel über unsere Geister- und Feenkostüme tragen, als wir loszogen, um uns an den Haustüren in unseren Kostümen zu präsentieren und Süßigkeiten dafür zu kassieren. Ich wurde in jenem Herbst elf. Ein weiterer Sommeraufenthalt in Union County lag hinter mir, ich hatte an einer weiteren Ferienbibelschule und einer weiteren Reihe angsterregender Erweckungsversammlungen teilgenommen. Zurück in New York, wo ich in der übrigen Zeit des Jahres lebte, begann ich zusammen mit einigen anderen Schülern und Schülerinnen aus der sechsten Klasse mit der Teilnahme am Konfirmationsunterricht. Er fand am Donnerstag Nachmittag in der lutherischen Christkönig-Kirche statt, nicht weit von unserer Wohnung.

Ich weiß gar nicht mehr richtig, wie es zu dieser Teilnahme kam. Meine Sommerschichten in der Baptistenkirche von Pond Fork hatten in mir im Vergleich zu den meisten mir bekannten Schülerinnen und Schülern der sechsten Klasse ein geradezu schmerzhaftes, leidenschaftliches Interesse an Gott, an Sünde und Gericht und am Sinn des Lebens, besonders meines eigenen, geweckt. Ich erinnere mich allerdings auch, dass wir Kinder in den Wohnblocks von Oakland Gardens ein ökumenischer Haufen waren. Vielleicht bat ich meine Mutter, mich mit einem anderen Mädchen, das ich dort kennengelernt hatte, mitgehen zu lassen. Mutter hatte gerade wieder ein Baby bekommen und war weiß Gott froh, wenn sie mich einen Nachmittag pro Woche los war. Ich kann mich aber nicht erinnern, an lutherischen Gottesdiensten teilgenommen zu haben und in unserer Familie war von beiden Seiten niemand lutherisch. Ich wurde letztlich auch nicht dort konfirmiert, weil wir noch vor Weihnachten nach Delaware zogen.

Warum auch immer, jedenfalls weiß ich, dass ich am Unterricht teilnehmen wollte. Er fand im zweiten Stock auf der Rückseite der festungsähnlichen grauen Steinkirche statt, in einem kleinen dunklen beige gestrichenen Raum mit grünem Linoleumboden, schmalen Fensterflügeln an zwei Seiten und einer nackten Glühbirne, die von der Decke hing. An einer Außenwand gab es einen Kamin, der nicht funktionierte. Der Kamin war mit einer Abdeckung aus behauenem, grauem Stein versehen, die zu schmal war, um irgendetwas darauf zu stellen. An einer Innenwand stand eine große, verbeulte Stehlampe. Daneben hing das Bild eines knienden Jesus mit welligem Haar, der demütig zu seinem Vater aufsah und dabei von einer Unschuld war, wie ich sie nie hätte aufbieten können. In der Mitte des Raumes standen zwei große abgewetzte Holztische, umgeben von Holzstühlen mit geraden Lehnen, auf denen wir saßen, und einem schäbigen Sessel mit geblümtem Schonbezug, auf dem der Pastor während des Unterrichts Platz nahm.

Ich weiß noch, dass unsere Gruppe aus acht Kindern bestand, sechs Mädchen und zwei Jungs. An die durchtriebenen, schwierigen Jungs kann ich mich ziemlich gut erinnern. Beide hatten glattes braunes Haar, das durch parfümierte Pomade angeklatscht und in Form gehalten wurde. Beide trugen blaubraun gemusterte zugeknöpfte Flanelhemden und braune Lederschlupfschuhe anstelle der Strickhemden und der knöchelhohen schwarzweißen Turnschuhen mit Bugs-Bunny-Motiv der Jungs von Oakland Gardens. An die fünf anderen Mädchen erinnere ich mich kaum, außer dass sie mich mit ihrem Insider-Gekicher, ihrem frisch gekämmten Haar, ihren sauberen weißen Blusen und ihren Strickjacken einschüchterten, deren Knöpfe anscheinend nie verloren gingen.

Vor dem Pastor selbst hatte ich von Anfang an Angst, weil er ein Mann war und mir darüber hinaus rätselhaft blieb. Ich war bisher keinem vergleichbaren männlichen Erwachsenen begegnet. Er trug schwarze wollene Anzüge mit Westen, weiße Hemden und Krawatten. Seine Schuhe waren poliert und er sprach uns in der gleichen autoritären, formalen Stimmlage an, die Ärzte und andere männliche Autoritätspersonen Kindern gegenüber verwendeten, wenn sich das Gespräch nicht vermeiden ließ.

Aus irgendeinem Grund, dem ich nicht auf die Spur kam, war er bereit, jede Woche eineinhalb Stunden mit uns Kindern zu verbringen, den Niedrigsten der Niedrigen. Alle wussten, dass Männer ihre Zeit in der Regel ausschließlich mit Menschen verbrachten, mit denen sich eine Unterhaltung lohnte, und wir waren nur Jungs und Mädchen. Ich dachte viel darüber nach. Vielleicht, so beschloss ich schließlich, war ihm nicht das Publikum (also wir) wichtig, sondern eher sein Thema – Religion, die Bibel und Gott.

Sofern dies zutraf, konnte ich sein Interesse verstehen, uns in Religion zu unterrichten. Obwohl der mir bekannte Gott viel Traurigkeit verursachte, sehnte ich mich trotzdem nach Gott, und Religion war wichtig für mich. Sie verhalf mir zu weiter gefassten und edleren Kategorien, mit denen ich versuchte, die Traurigkeit meines Lebens zu verstehen. Sie gab mir einen Grund wie eine Gestalt für das Chaos und den Schmerz, die ich empfand. Wie die Märchen, die ich so gerne las, gab sie mir die schwache Hoffnung, eines Tages auch die Empfängerin eines Wunders zu sein, so dass ich trotz meiner Schwachheit und meines Versagens gerettet werden, ja selbst triumphieren könnte.

Ich habe eine vage Erinnerung an die beiden ersten Unterrichtswochen. Unter pausenlosem Gekicher und vielsagenden Blicken der Jungs sagten wir die zehn Gebote auf und lernten das Nicänum sowie die Antworten auf die Fragen des Katechismus. Es ging wie in der Ferienbibelschule zu. Ich konnte so etwas ganz gut, war aber nicht mit mehr Interesse dabei als die anderen Kinder.

Erst in der dritten Woche kam Pastor Schmidt auf eine Idee, mit der er versuchte, uns ein wenig aufzumuntern. Am Ende der Stunde kündigte er einen Psalmenlernwettbewerb an. Er sagte uns, dass wir alle selber einen Psalm wählen und ihn auswendig lernen sollten. Wer die Aufgabe am schnellsten erfüllte, sollte einen noch nicht genauer benannten Preis gewinnen. Ich war wie elektrisiert. Ein exotischer und geheimnisvoller Preis! Meine Gier war geweckt. Ich war entschlossen, ihn zu gewinnen.

Sobald die Stunde vorbei war, rannte ich nach Hause und suchte in meinem Wandschrank, unter meinem Bett und an allen anderen Plätzen, an denen meine alte schwarze Sonntagsschulbibel hätte sein können. Als ich sie endlich zwischen einem Stapel von Holzblöcken fand und sie öffnete, traf ich genau die erste Seite der Psalmen. Psalm 1 sah kurz aus, also beschloss ich, diesen zu lernen.

Rasend vor Gier war ich die ganze Woche dabei, ihn auswendig zu lernen. Ich kam gar nicht darauf, über seine Bedeutung nachzudenken. „Wohl dem, ..." rezitierte ich auswendig, während ich mein Abendbrot aß. „... sondern hat Lust am Gesetz des Herrn", sagte ich zu mir selbst auf dem Weg zur Schule. „... noch sitzt, wo die Spötter sitzen", murmelte ich im Bad vor mich hin. Das ganze Wochenende über arbeitete ich daran und fragte mich, ob vielleicht gerade in diesem Moment jemand anders aus der Gruppe im Rennen um den Preis an mir vorbeizog.

Irgendwann am Montagnachmittag, als ich gerade Vers drei vorsagte, passierte dann etwas ganz Unerwartetes. „Der ist wie ein Baum, gepflanzt an den Wasserbächen, der seine Frucht bringt zu seiner Zeit, und seine Blätter verwelken nicht", sagte ich zu mir. Plötzlich erkannte ich diesen Baum wieder.

Es war ein wundervoller Baum, der in demselben geheimnisvollen Wald wuchs, den die armen kleinen Prinzessinnen in meinen bebilderten Märchenbüchern besuchten. Es war ein wunderschöner Wunderbaum, und das Wasser, an dem er stand, war ebenfalls Wunderwasser, versteckt an einem dunklen, bemoosten Platz, den nur ich allein finden konnte. Seine Früchte waren kostbar, durchsichtig und hatten die Farbe von Edelsteinen und das tiefe Sonnenlicht des

Waldes leuchtete wie Feuer, wenn es durch seine nie verwelkenden Blätter drang.

Im gleichen Moment wusste ich, dass es in diesem Psalm nicht um einen bildschönen Wunderbaum ging. Vielmehr war etwas Unchristliches dran, sich in diesem Wald meiner Fantasie zu verfangen. Obwohl ich für den Rest der Woche, als ich die letzten Bibelverse noch einmal aufpolierte („aber der Gottlosen Weg vergeht"), sehr dagegen ankämpfte, hatte mich die Vorstellung von dem wundervollen Baum fest in ihrem gottlosen Griff. Ich liebte diesen Baum trotz schlechten Gewissens.

Dann war endlich Donnerstag. Als ich die Hintertreppe emporstieg, war ich so schrecklich aufgeregt, dass ich es kaum aushalten konnte. Was, wenn alle ihren Psalm auswendig gelernt hatten? Wie würde Pastor Schmidt den Wettstreit dann bewerten? Mein Magen krampfte sich zusammen, als er uns begrüßte und die Namen aufrief.

Endlich kam er zu dem, worauf jeder meiner wachen Momente während der vergangenen Woche ausgerichtet gewesen war. „Hat schon irgendjemand einen Psalm auswendig gelernt?", fragte er. Meine Hand schoss hoch; sieben andere Augenpaare musterten die Tischplatte und sieben Mundwinkel zeigten nach unten. Dann wandte er sich zu mir. „Bobby Marie", fragte er, „bist du so weit mit deinem Psalm?" Ich war es. Zitternd und stockend, aber ohne Fehler sagte ich ihn auf.

Da Pastor Schmidt nicht damit gerechnet hatte, dass jemand die Aufgabe bereits erfüllt haben könnte, hatte er meinen Preis nicht dabei. Nachdem die erste lähmende Enttäuschung nachgelassen hatte, war die schuldbewusste Ekstase, in der ich in der folgenden Woche darauf wartete, noch größer als die Ekstase während der Auswendiglernerei. Was war, wenn er den Preis wieder vergaß? Und wenn er ihn nicht vergaß, es aber etwas war, das ich nicht wollte? Ich hoffte auf Stifte und einen Malblock oder ein schickes Jo-Jo oder einen roten Gummiball mit einer Naht, wie andere Mädchen ihn hatten. Auf diesem Weg steigerte ich mich im Lauf der Woche in immer größere Qual hinein. Und doch neigte währenddessen an dem dunklen Platz in meinem Geist der Baum an den Wasserbächen seine lieblichen Zweige und blühte.

Am Mittwochabend vor dem darauffolgenden Donnerstag konnte ich kaum einschlafen vor Angst und Aufregung. Lange vor dem Morgengrauen wachte ich am nächsten Morgen auf. In der Schule lernte ich nichts; ich verbrachte an diesem Tag meine Zeit mit dem Versuch, nicht in dem tiefen Fluss zu ertrinken, der zwischen meinem schuldbewussten, anscheinend heidnischen Verlangen floss und meiner verzweifelten Angst, dass Pastor Schmidt vergessen könnte, was er mir versprochen hatte. Nicht nur heute, sondern für immer.

Dann war es wieder Donnerstagnachmittag. Diesmal hatte der gute Pastor tatsächlich daran gedacht, mir meinen Preis mitzubringen. Nachdem er die Namen aufgerufen hatte, übergab er mir feierlich und unter einer Rede über das Wort Gottes eine kleine braun eingeschlagene Schachtel. Mein Puls schlug so heftig und meine Hände zitterten derart, dass ich sie kaum entgegennehmen konnte. Unter den Augen der anderen Kinder, die mich verlegen machten, wickelte ich sie langsam aus.

Wie kann ich dir beschreiben, was sich in der Schachtel befand, als ich sie endlich öffnete? Niemals zuvor und niemals danach, weder als Kind noch als Erwachsene, habe ich je ein Geschenk bekommen, das meine kühnsten Hoffnungen derart übertraf. Sein Geschenk überstieg schon damals meine Möglichkeiten, es zu beschreiben, und übersteigt sie immer noch.

Da lag, eingeschlagen in ein weißes Nest aus Seidenpapier, eine erstaunliche, winzige Parfümflasche. Schon ihre Aussehen entzückte mich. Die Glasflasche war so klar, dass ich die Flüssigkeit in ihrem Inneren sehen konnte, aber sie war rund und hatte kleine Vertiefungen wie die Oberfläche einer echten Orangenschale. Der glatte Deckel war braun wie ein Zweig. Um den langen Hals waren mit einem weißen Band zwei kleine weiße, rot gefüllte Orangenblüten und ein schmales weißes Etikett festgebunden. Auf diesem stand „Andenken aus Florida“. Florida!

Ich liebte das Fläschchen von dem Moment an, als mein Blick darauf fiel. Das war aber noch gar nichts im Vergleich zu dem Gefühl, das mich ergriff, sobald meine tastenden Finger den winzigen Deckel losschraubten und ich die kleine Flasche an meine Nase hob, um den exotischen Duft zu riechen. Auf einmal erkannte ich staunend und voller Freude, woher dieses Parfüm gekommen war. Es war aus den Blüten meines geheimen Baumes gemacht, eben des Baumes aus Psalm 1, der an den Wasserbächen wuchs und blühte, der Baum, dessen Wurzeln nie den Halt verloren und dessen Blätter niemals welkten. Es war der Baum des Paradieses. Natürlich war der Duft seiner Blüten wundervoll! Es war der Duft des Himmels, der Duft Gottes!

Wie konnte ich den Duft, den ich damals wahrnahm, als das erkennen, was er war? Wie schon gesagt, geschah es unseren alten christlichen neuplatonischen Gelehrten zufolge dadurch, dass Gott das Geschenk des Verlangens nach Gott in das Herz jedes Menschen legt. Gleichzeitig zieht es alle Menschen, weil sie nach Gottes Bild geschaffen sind, zu Gott und zu ihrem eigenen Selbst hin. Wie ich es schon sagte, sind die zwei ersten Elemente dieses Verlangens nach Gott das Verlangen nach Güte und das Verlangen nach Wahrheit. Das dritte Element ist das rettende Verlangen nach *Schönheit, denn Gott ist die Güte, die Wahrheit und auch die Schönheit*. Mit Güte und Wahrheit geht ein angeborenes menschliches und göttliches Verlangen einher, das imstande ist, Schönheit zu erkennen, vor Freude einen Luftsprung zu machen und zu wissen, dass alles schön ist. Kein Fleck unter der Sonne existiert, der nicht die Schönheit Gottes widerspiegelt. Auf diese Weise erkannte ich, davon bin ich überzeugt, den Geruch des Parfüms als das an, was er war: als den Duft der Schönheit und damit den Duft Gottes.

Aber das lässt noch immer die Frage offen, ob irgendeine Facette meiner Fähigkeit, Gottes Schönheit zu erkennen, wirklich nicht angeboren war. Hier wird es rätselhaft. Letztendlich habe ich äußerst wenig von dem gelernt, was der gute, gewissenhafte Pastor Schmidt mir in den Wochen des Konfirmandenunterrichts beibringen wollte. Die Zehn Gebote und die Inhalte des Katechismus kannte ich längst, bevor wir überhaupt anfingen. Auch den Rest wusste ich bereits aus der Kirche oder durch die Lektüre der biblischen Geschichtenbücher, die meine Großtanten aus Union County mir schickten.

Von größerer Bedeutung ist für mich, dass nichts von dem, was er mir vermittelte oder mir zu lernen ermöglichte, mit Absicht geschah; es geschah anscheinend völlig unbeabsichtigt. Kein Pastor, Priester oder Prediger hätte normalerweise ein Kind mit Parfüm für das Auswendiglernen eines biblischen Textes belohnt. Vielmehr kann ich mir heute nur zu gut vorstellen, wie Pastor Schmidt an jenem Donnerstag vor über vierzig Jahren erst wieder an mein Geschenk dachte, als er nach dem Mittagsschlaf aus seinem warmen Bett aufstand, weil es Zeit für den Unterricht war.

„Mary Jane“, mag er dann zu seiner Frau gesagt haben, während er seine schwarzen Flügelspitzen zu einem Doppelknoten band, „ich muss los und habe vergessen, einen Preis für dieses seltsame kleine Mädchen zu besorgen, von dem ich dir erzählt habe. Schaust du bitte mal nach, ob du irgend etwas herumliegen hast, was ich dafür nehmen könnte?“

„Aber bestimmt“, muss sie geantwortet und dabei in der obersten Schublade ihrer mit einer Glasplatte abgedeckten Frisierkommode gewühlt haben, in der sie gerade nach ihrem rosa Lippenstift suchte. „Bitte sehr“, sagte sie einen Moment später und zog meine kleine Schachtel hervor. „Ich wickle es dir schnell in Geschenkpapier ein.“

Und so traf ich auf die Schönheit Gottes.

Aber, meine Freundin, wie soll ich nach all dem schließlich sagen, ob diese Bewegung hin zu Gott erlernt oder angeboren ist? Wenn ich auf die beiden Geschichten zurückblicke, die ich dir gerade erzählt habe, und noch weiter zurückschaue, nicht nur auf die Briefe, die wir einander geschrieben haben, sondern auf mein ganzes Leben, dann erscheinen mir die Einzelteile der Antwort so transparent, so zusammengesucht und vor allem so geheimnisvoll wie das aus den heilkräftigen Blüten eines magischen Baumes in Gottes Wäldern gemachte Orangenblütenparfüm aus Florida.

Unser Verlangen nach Gott ist einerseits erlernt. Manche haben es zum Teil in der Kirche oder zu Hause, aus der Natur und der Heiligen Schrift, durch Gelesenes und Gesehenes erlernt. Und für manche war mindestens genau so wichtig, was sie – auf eine Art und Weise, die wir nie ganz werden ergründen können – durch andere Menschen gelernt haben. Bei mir waren es die Leute aus der Baptistenkirche von Pond Fork, mein Vater, Tante Nacky und der lutherische Pastor mit seiner Frau, die mir Dinge beibrachten, die sie so nie beabsichtigt hatten.

Gleichzeitig ist das Verlangen nach Gott angeboren, Teil der Ebenbildlichkeit Gottes in uns. Aber versteh mich nicht falsch; es ist mehr als blinder Instinkt, mehr als nur eine Ahnung. Es ist ein gottgegebener, ständig wachsender Appetit auf die Gegenwart Gottes, der seine entzückende Frucht in die dunklen Wälder unseres Innersten trägt. Und es ist noch mehr als das. Erinnerst du dich an das Bild des Feldes, von dem ich dir in meinem ersten Brief vor vielen Monaten geschrieben habe? Für mich, die ich immer noch vom kalten Regen durchnässt aber glücklich in jenem Augustfeld stehe, ist es auch ein meine ganze Existenz umfassendes Verlangen nach den reifenden Äpfeln der ganz alltäglichen Gegenwart Gottes, des Apfelbaumes.

Was ist das für ein Verlangen? Ich denke, es ist das, worüber wir die ganze Zeit Briefe ausgetauscht haben. Es ist Gebet in seiner unendlichen Vielfalt – Gebet, bei dem wir die Zähne zusammenbeißen müssen und Gebet, das Gott uns schenkt und das wir kaum als Gebet erkennen. Es ist Gebet, das wir als Gnade erleben. Kein eigenes Tun, sondern reines Geheimnis, reines Geschenk. Im Gebet begegnen wir dem wahren Angesicht Gottes. Gott hat uns einst erschaffen und führt uns nun zu uns selbst und von da aus ganz direkt zu sich, dorthin, wo die Güte, die Wahrheit und die Schönheit Gottes uns erwarten.

Damit will ich schließen Wache und bete, meine liebe Freundin.

Roberta